विचार क्रांति से विकार मुक्ति

(सफर सोच से समझ की ओर)

श्री शिवानी गुप्ता

प्रस्तावना
(एक रूपांतरण की गाथा)

मनुष्य का जीवन केवल घटनाओं का क्रम नहीं, बल्कि विचारों की एक निरंतर यात्रा है। हमारे विचार ही हमारे व्यक्तित्व, हमारे कर्म और अंततः हमारे जीवन की दिशा तय करते हैं। जब विचार शुद्ध, सकारात्मक और जागरूक होते हैं, तो जीवन में शांति, संतुलन और विकास का मार्ग खुलता है। परंतु जब विचारों में भ्रम, भय, क्रोध और नकारात्मकता घर कर लेते हैं, तब वही विचार धीरे-धीरे विकारों का रूप ले लेते हैं।

यह पुस्तक "विचार क्रांति से विकार मुक्ति" उसी आंतरिक परिवर्तन की यात्रा को व्यक्त करती है—एक ऐसी यात्रा, जिसमें मनुष्य अपने बिखरे हुए भावों, संघर्षों और अनुभवों के बीच से गुजरते हुए स्वयं को पहचानने का प्रयास करता है। यह केवल कविताओं का संग्रह नहीं है, बल्कि आत्ममंथन, जागरूकता और आत्मविकास की दिशा में उठाया गया एक छोटा-सा कदम है।

इन कविताओं में जीवन के विभिन्न रंग दिखाई देंगे—कभी प्रश्न, कभी पीड़ा, कभी संघर्ष और कभी आशा की नई किरण। कहीं मन की उलझनें हैं तो कहीं आत्मा की शांति की खोज। यह शब्द उस अनुभव से जन्मे हैं, जहाँ बिखराव भी है और उसी बिखराव से निखरने की संभावना भी।

यदि इन पंक्तियों को पढ़ते समय पाठक अपने भीतर झाँकने लगे, अपने विचारों को समझने लगे और जीवन में सकारात्मक परिवर्तन की ओर एक कदम बढ़ा सके, तो इस प्रयास की सार्थकता होगी। यही कामना है कि यह पुस्तक पाठकों के मन में विचारों की एक छोटी-सी क्रांति जगाए और उन्हें अपने भीतर छिपी शुद्धता और प्रकाश की ओर ले जाए।

यह पुस्तक उस स्त्री की यात्रा है जो वर्षों तक सामाजिक मान्यताओं की बेड़ियों में घिरी, उन्हीं को अपना एकमात्र सत्य मानकर जी रही थी। पर जीवन के संघर्षों ने उसके भीतर प्रश्नों का ऐसा ज्वार जगाया, जिसने धीरे-धीरे उन मान्यताओं के खोखलेपन का पर्दा उठाना शुरू कर दिया।

जैसे-जैसे जीवन की नीरसता का बोध हुआ, वैसे-वैसे प्रश्नों की गहराई बढ़ती गई। उन्हीं प्रश्नों के उत्तरों ने उसे स्वयं का साक्षी बनना सिखाया। जो स्त्री कभी मान्यताओं के बोझ और विकारों से घिरी थी, वह अब अपने ही भीतर के द्वंद्वों को देख पाने में सक्षम थी।

मान्यताओं को त्यागकर सत्य को 'जानने' के इस अनवरत प्रयास ने उसके भीतर एक नई चेतना को जन्म दिया। यह जड़ता से जीवंतता की ओर और भ्रम से सायुज्य की ओर बढ़ने की यात्रा है—जैसे बूंद समुद्र में गिरकर स्वयं समुद्र ही बन जाती है, वैसे ही चेतना का चैतन्य चेतना में मिलन।

यह एक ऐसी स्त्री का आत्म-अवलोकन है जो एक जीवंत नारी होने के शिखर पर खड़ी होना चाहती है, जिसका अनवरत एक ही प्रयास है—खुद को चेतना के उच्चतम स्तर तक ले जाना।

उद्देश्य

इस पुस्तक का मुख्य उद्देश्य पाठक को अपने विचारों और आंतरिक अनुभवों के प्रति जागरूक करना है। यह केवल कविताओं का संग्रह नहीं है, बल्कि एक अंतरात्मा के संवाद और आत्म-खोज की दिशा में उठाया गया कदम है।

लेखिका की कलम से

एक जीवंत नारी के रूप में, मेरी यह यात्रा केवल मेरे स्वयं के रूपांतरण तक सीमित नहीं है। मैंने अपनी माताओं और पूर्वजों के जीवन में स्त्री-शोषण का जो काला इतिहास देखा है, उसे बदलने का संकल्प मेरा आज का 'जीवन-उद्देश्य' है। जिन पीढ़ियों का शोषण हो चुका, उनके लिए मैं अपनी संवेदनाएँ ही अर्पित कर सकती हूँ, पर आने वाली पीढ़ी के साथ ऐसा न हो ये देश की हर मां की जिम्मेदारी है।

एक स्त्री होने के नाते, मेरा यह कर्तव्य है कि मैं अपने प्रयासों के माध्यम से देश की हर स्त्री को जागरूक करूँ, ताकि वह समाज की जकड़न में अपनी आत्मा को मरने न दे। यह पुस्तक मेरी एक छोटी सी कोशिश है– यह शुरुआत है उस क्रांति की जो मेरे अंदर बीज रूप में उपजी थी। इस पुस्तक की सहायता से मैं शुरुआत कर रही हूँ उन अंधकारों को मिटाने की, जिनमें नारियों को सदियों से कैद रखा गया।

हम उनमें से नहीं हैं,
जो लिखी-लिखाई किस्मत पे जी जाएँ
हम उनमें से हैं,
जो अपनी किस्मत बनाने का हुनर सीख रहे हैं।

(शिव शक्ति को समर्पित)

मै बस मध्यम मात्र हूँ। ईश्वर के चरणों में मैं स्वयं को और इस पुस्तक को समर्पित करती हूँ और प्रार्थना करती हूँ कि अगर इस पुस्तक से किसी की सहायता हो, तो इसे उस तक पहुँचा दें।

(मैं शून्य से प्रारंभ हूँ, मेरा अंत ही अनंत है।)

अनुक्रमणिका

महाकविता: स्वयं की खोज (बिखरने से निखरने की यात्रा) 7

अध्याय : 1 नींव (जड़ता)

कविता: बिटिया का घर कहाँ है? 13

कविता: नौबत आई क्यों ? 15

कविता : पत्नी 16

कविता: उसकी पीड़ा समझ लेना 16

कविता : विश्वासघात (बेजान जिंदगी) 17

कविता: कहाँ खो गई वो? 18

कविता: भरोसा उठा हमारा 19

कविता : सन्नाटे का शोर 20

अध्याय : 2 बेड़ियाँ और द्वंद्व

कविता: हमसफर या हम-सफर? 21

कविता: व्यथा (संस्कारों के पीछे का अदृश्य संघर्ष) 22

कविता: स्त्री: एक व्यथा 25

कविता: पिंजरे की छटपटाहट 26

कविता :मिट्टी से सोना,या खिलौना 27

कविता: वामांगी का अधिकार 27

कविता :-स्वयं से प्रेम (एक नई शुरुआत) 29

अध्याय : 3 मंथन
(आत्म-साक्षात्कार और द्वंद्व का केंद्र)

कविता: प्यार या स्वार्थ 30

कविता: नई शुरुआत 31

कविता : अर्धांगिनी का दर्पण
(न पूजा, न शोषण, बस मनुष्यता) 32

कविता: नज़रिया 34

कविता : गिरना ही उठना है 34

कविता : खुद को पाना 35

कविता :आत्म-बोध: मैं कौन हूँ? 36

कविता: 'मैं' की तलाश 37

कविता: आत्म-मंथन 38

कविता: अब मेरी बारी है
(आत्म-सुधार) 39

अध्याय : 4 प्रतिबिंब

कविता: रूपांतरण
(राख से प्रकाश तक) 40

कविता: प्रतिबिंब की तलाश 41

कविता: चेहरे पर चेहरा: एक भ्रम 42

कविता: प्रेम का असली अर्थ
(एक चेतावनी) 43

कविता: नज़रिया
(सिक्के के दो पहलू) 44

कविता: विडम्बना 45

कविता:खुद से वफ़ादारी 47

कविता: समय की धारा और मेरा अक्स 48

अध्याय 5: अकेलापन और एकांत

कविता: ज़िंदगी की किताब 49

कविता: ध्रुव-संकल्प (मैं भीड़ नहीं, नेतृत्व हूँ) 50

कविता: लक्ष्य की ओर (अकेला सफर) 50

कविता :अकेलेपन की शक्ति 51

कविता: अहसास (मेरे बाद) 52

अध्याय 6: क्रांति

कविता: मुश्किल राह 54

कविता :मिसाल बन जाऊ मैं 55

कविता: आवाज़ उठाना होगा 56

कविता : शंखनाद (अब मौन नहीं, क्रांति है) 58

कविता:असली विजय 59

कविता : किस्मत बदलने की बारी 60

कविता :प्रेरणा स्रोत 61

कविता : रण चंडी का उद्घोष (चक्रव्यूह का अंत) 63

अध्याय 7: चेतना

कविता: नायिका (प्रेम का परम सत्य, स्वयं का श्रृंगार) 64

कविता: चैतन्य चेतना: मैं देह नहीं हूँ 65

कविता: प्रकाश पुंज 66

कविता: मन का मायाजाल और अंतर्मन का प्रकाश 67

कविता: शून्य से शिव की ओर 68

कविता: सहज-समर्पण :भीतर का साक्षात् 69

कविता: शिव-सायुज्य: मैं कौन हूँ? 70

कविता: अद्वैत-बोध: मैं ही शिव हूँ 71

कविता: जो बीत गई सो बात गई 72

कविता: द्वंद्व से मुक्ति 73
(अंधेरे का अंत)

कविता: मृत्यु से पहले जीवन 74

कविता :खुश रहने का हक 77

कविता:देह से विदेह तक 79

अध्याय : 8 अपराजिता

कविता: काल और महाकाल 81

कविता:वक्त आएगा 82

कविता: पुनर्जन्म 83
(भोलनाथ की गोद में)

कविता:- जीवंत नारी 83

कविता : नारी 84
(आत्म-बल का उद्घोष)

कविता: अमृत-संकल्प 85
(शक्ति-मंत्र)

कविता: अमर कर्म 86

कविता: मैं शक्ति हूँ
(सृष्टि का आधार) 87

कविता: कुरुक्षेत्र 88
(अब मैं गांडीव उठाऊँगी)

कविता: धैर्य का बांध 90

कविता: नई आज़ादी की कहानी 91

कविता: संस्कारी बनो, बेचारी नहीं 92

कविता : मेरा दौर आएगा 95

कविता: ईश्वर की दृष्टि 96

अध्याय :9 अनुराग (प्रेम)

कविता: सीरत बनाम सूरत 99

कविता: सीरत से मोहब्बत 100

कविता: अनजानी राहें, अटूट विश्वास 101

कविता: दर्शन की प्यास 102
(हे मधुसूदन)

कविता: ईश्वरीय हाथ: नवनिर्माण 102

कविता: दर्शन की अभिलाषा 103
(परम मिलन)

कविता: बोध 104
(माया से मुक्ति)

कविता:-आराम में छुपे राम 105

कविता: माँ: मेरा अर्थ, मेरा समाधान 106

कविता: मैं 'शिव' हो जाना चाहती हूँ 107

कविता: शिव-अनुराग 108

कविता: तू ही तू (शिव-अद्वैत) 109

कविता : पूर्णता का आह्वान 110
(स्त्री-पुरुष से परे, चेतना का संतुलन)

(एक ईश्वर, अनेक रूप – अद्वैत का विस्तार) 112

अध्याय : 10 उपसंहार

कविता: अटूट विश्वास (महादेव का साथ) 114

कविता: मैं शून्य हूँ, मैं अनंत हूँ 115

कविता: शिकायत से शुक्रिया तक (महादेव की पाठशाला) 116

कविता: कुछ पुरानी, कुछ नई 118

कविता: वर्तमान का बहाव 119

कविता: सुनहरी स्याही 120

कविता: मृत्यु से पहले मत मरो 121

कविता: अमरता का अर्थ 123

कविता: संकल्प (बढ़ते जाना है) 124

कविता: नव-आरंभ 125

कविता: प्रगति का पथ 126

कविता: शव से शिव की यात्रा 127

उपसंहार: अंतिम शब्द 128

महाकविता: स्वयं की खोज
(बिखरने से निखरने की यात्रा)

(नोट: यह कविता मेरी जीवन गाथा है, साथ ही आह्वान है स्त्री का नया इतिहास रचने का।)

क्या तुम नारी हो और समझती स्वयं को बेचारी हो?
तुममें इतनी लाचारी है कि नहीं पाया वो भी जिसकी तुम अधिकारी हो?
यह नहीं कोई काल्पनिक कथा है, यह अधिकतर नारियों के मन की व्यथा है,
पर मैं निकलूँगी बाहर इस व्यथा से, और रचूँगी स्वयं की एक नई कथा को।
तो चलो तुम्हें सुनाती हूँ कविताओं के माध्यम से—लाचारी से बाहर निकलने की, अपने निरंतर प्रयास की यात्रा को।
कैसे मैंने शोषण को ठुकरा अपना पोषण करना स्वयं चुना,
मान्यताओं के पिंजरे को तोड़ अपने लिए स्वतंत्र आकाश के सपने को बुना।
नाम से तो मैं हूँ शिवानी, जिसका अर्थ ही है 'शिव की शक्ति'।
पर मुझमें कम थी देह से ताकत,
और मन में न थी इतनी शक्ति कि अपनी पीड़ा किसी से कह सकती भी।
मैं डरी हुई सी, सहमी सी,
लोगों की पढ़ाई मान्यताओं में फँसी एक साधारण सी लड़की थी।

जिसे उसके अपने 'छुई-मुई' कहते थे,
तन-मन से थी कमज़ोर।
चेहरे से सुन्दर और व्यवहार से भोली-भाली थी,
भीड़-भाड़ से दूर ही रहती, कम बोलने वाली थी।

कुछ लोग थे जीवन में जिन पर मुझे विश्वास बड़ा था,
लगते थे वो मेरे अपने, करते थे वो मेरा पोषण,
पर अपनी दकियानूसी सोच से सदा उन्होंने किया था मेरा शोषण।
जनवरी 2024 वो एक काला साया था,
जब खुद को मिटाने का ख्याल मेरे मन में भी आया था।
जिसे अपना जीवन साथी चुना था,
उसके मुँह से (गलती की इसे बचा के) ऐसा शब्द मैंने सुना था।
सब कुछ संवारा था मैंने उसका,
समर्पण से हर कर्तव्य निभाया था,
फिर क्यों उसने प्यार की जगह
मेरा शोषण करना ही चुना था?
करती मैं भी उससे शिकायत,
अगर मुझे ये बात स्वयं शिव न समझाते—
वो सिर्फ एक व्यक्ति नहीं था जिसने मेरा शोषण किया था,
ये तो थी बस एक मानसिकता
जो पितृसत्तात्मक विचारधारा से आती है।
और जिसकी बलि सदैव कोई न कोई बेटी चढ़ जाती है।
देखा होगा तुमने भी इस सोच के कारण
हर घर में कोई न कोई स्त्री
सदैव तिरस्कृत की जाती है।मैं भी चढ़ जाती भेंट इस सोच की,
अगर बचाने स्वयं महाकाल न आते।
इन कानों में आकर के
"राम नाम सत्य है"
की गूँज मुझे न सुनाते।
उस दिन मैंने मौत को बहुत करीब से देखा था,
और फिर उस अदृश्य परछाईं ने
जैसे मुझे मेरे ही देह में वापस भेजा था।
जाने वो कोई सपना था या सच—
वो राम नाम की गूँज,
वो परछाईं,
वो मणिकर्णिका में जलती चिताएँ,
और वो पुकार।

इस घटना ने शांत कर दिया हो
मेरे जीवन का हाहाकार ।
उस नींद से जब जागी मैं,
जैसे उस दिन हुआ मेरा नया जन्म था।
तब थी मैं घायल,सबसे रूठी,पूरी टूटी।
पर इस चोट ने जैसे
मेरे भीतर सब कुछ दिया बदल था।
और तब जाकर
मैंने मेरे लिए नया जीवन चुना था।
लगा कि पिंजरा टूट गया है,
पर मन के भीतर का पिंजरा अब भी बाकी था।
कैसे निकलूं इस सोच से बाहर ,
ये सवाल काफी था ।
कतरा-कतरा टूटने-जुड़ने का सिलसिला
अब भी बाकी था।
उसी टूटन के बीच
मैंने फिर से कलम उठाई,
और धीरे-धीरे इन कविताओं ने
मुझे खुद की पहचान कराई।
इस दर्द ने मुझे
तोड़कर फिर से नया गढ़ा था।
तब जाकर इन कविताओं को
पन्नों पर उतारने का खुमार
मेरे सिर पे चढ़ा था।
देखना इन पन्नों में तुम खुद को भी पाओगी,
कभी सिसकोगी
तो कभी चंडी बन जाओगी।
इस स्याही से लिखने वाले शब्द
मन में चिंगारी जलाने को काफी हैं,
क्योंकि ये शब्द बस शब्द नहीं,
हर चुप रहने वाली स्त्री के दुख की गवाही हैं।

यह सफर
बिटिया के घर से "शिव के धाम" तक का है।
यह संघर्ष
एक आम लड़की से "मिसाल" बनने के काम का है।
मूर्छित अवस्था में कानों में पड़ने वाले
"राम नाम" का है।
काल के ग्रास से बचा
मुझे पुनः जीवंत करने वाले
महाकाल का है।
मेरी पीड़ा ने मुझे सबसे विरक्त किया,
और अपने अकेलेपन में
जब मैंने एकांत को पाया,
तब जाकर उस एकांत ने
मेरे भीतर शिव को जगाया।
उस मौन ने जब शब्द पकड़े,
तब मैंने अपना असली रूप पाया।
वो जिसे तुम कमज़ोर कहते थे,
उसके हृदय में इतनी हिम्मत जगाया,
कि मैंने चुप रहने का त्याग कर
लिखने के लिए हाथ में कलम उठाया।
यह किताब
उन सिसकियों से शुरू होकर
सत्य के साक्षात्कार तक की यात्रा है।
मैं शनैः-शनैः
उस शोषित मानसिकता से बाहर निकल रही हूँ।
बिखरने के बाद अब मैं निखर रही हूँ।
आओ मेरे साथ,
अपनी बेड़ियों को साथ मिल पिघलाते हैं।
बाहर नहीं,
अब अपने भीतर की ओर
कदम बढ़ाते हैं।

आओ मेरे साथ
इस विचार क्रांति का हिस्सा बनो।
ताकि फिर कोई शिवानी
खुद को बेचारी न कहे।
ये मेरी गाथा है–
शून्य से अनंत की ओर
और लाचारी से अपनी शक्ति की ओर।
तुम भी
इन मान्यताओं के पिंजरे से
खुद को आज़ाद करने का प्रयास करो।
जहाँ हो वहीं से
अपनी नई शुरुआत करो।
बिखर तो चुकी हो तुम,
अब निखर भी जाओगी।
तुम बस कोशिश कर
आगे तो बढ़ो।
मेरे अंदर से निकलने वाली
इस चिंगारी से
तुम अपनी मशाल जलाओगी।

धन्यवाद शिव शक्ति ....

अध्याय : 1 नींव (जड़ता)

एक विशेष नोट:

इस अध्याय की कविताएँ उस दौर की गूँज हैं,
जहाँ एक स्त्री 'संस्कारों', 'मान्यताओं' और 'रीति-रिवाजों' की ओट में खुद को खो रही थी।
यहाँ आपको वह मासूमियत मिलेगी, जिसे परंपराओं के नाम पर छला गया,
और वह चुप्पी मिलेगी, जिसे 'शालीनता' का नाम देकर उसका शोषण किया गया।
यह उन बेड़ियों की पहचान है, जिन्हें समाज 'गहना' कहता है,
पर असल में वे आत्मा को जकड़ने वाले लोहे के पाश हैं।
यहाँ से शुरू होती है—
एक स्त्री के 'बिखरी हुई' रूप की सत्य से 'साक्षात्कार' करने की यात्रा।

कविता: बिटिया का घर कहाँ है?

(लेखिका की ओर से एक बात)
इस कविता से पहले एक बात साझा करना चाहती हूँ—
यह उन दिनों की अभिव्यक्ति है,
जब मैं अपने जीवन के सबसे कठिन दौर से गुजर रही थी
और स्वयं को पूर्णतः टूटा हुआ पा रही थी।
उसी समय पहली बार
शब्दों ने मेरे भीतर जन्म लेना शुरू किया,
जैसे मेरी खामोशी ने ही उन्हें स्वर दे दिया हो।
मैंने बिना किसी सोच-विचार के
बस उन भावों को कागज़ पर उतार दिया।
उस समय तक मुझे यह भी ज्ञात नहीं था
कि मेरे भीतर कविताएँ जन्म ले सकती हैं।

कविता: बिटिया का घर कहाँ है?

एक अजीब सा सवाल आज मन में है,
जवाब कहाँ से ढूँढूँ मैं?
बिटिया रानी, बहुरानी बनी...
मायके की रौनक, ससुराल की लक्ष्मी बनी,
क्या सच में वो 'रानी' है,
या बस संघर्ष की वो एक कहानी है?
आँखों के आँसू छुपा लेती वो,
होंठों पे मुस्कान सजाती है,
उसकी कदर तक नहीं करते वो,
जिनकी इज़्ज़त वो बाहर बढ़ाती है।
बाहर की दुनिया से बचाने के लिए,
उसे एक नई दुनिया में भेजा जाता है...
माँ-बापू कहते—
"बिटिया, ये दुनिया बड़ी खराब है, चिंता मत कर,
तुझे बचाने ईश्वर ने भेजा एक राजकुमार है।"
जाना होगा एक दिन डोली में तुझे,
क्योंकि वही अब तेरा नया घर, नया संसार है...
माँ-बाप की बातें सुन
बिटिया रानी नम आँखें कर लेती है,
उस घर को छोड़, इस घर जाने के अब सपने वो संजोती है।
वो डरी-डरी, नम आँखों से
सजना के घर पहुँच गई,
वहाँ सबने जो स्वागत किया,
लगा कि वो सचमुच ही 'घर की लक्ष्मी' बन गई।
पति से बड़ा प्यार मिला,
सास-ससुर से माँ-बाप का दुलार मिला,
कुछ ही दिन में वो बाबुल का अँगना भी भूल गई।
अब लगने लगा इस दुनिया की बुरी नज़रों से वो बच गई है,
दिन बीते, साल बीते... अब वो फिर से एक बार सहम गई।

जिस बिटिया रानी के चेहरे पर हर वक्त खुशियाँ झलकती थीं,
अब वो बहुरानी आँखों में आँसू ले,
रात-रात भर जागती है।
जिस राजकुमार ने उसे दुनिया से बचाया,
अब उससे ही वो डरती है...
बस एक सवाल दिल के अंदर रख,
उसके जवाब को तरसती है।
दुनिया की नज़रों से बचाने माँ-बाप ने
जिसे अपनी राजकुमारी सौंपा था,
वो राजकुमार भी तो इसी दुनिया का ही एक हिस्सा है!
ये 'बुरी नज़र' का ढोंग क्यों?
कह दो ना—
"बिटिया, दुनिया के मर्दों से बचाने, तुम्हें एक मर्द को सौंपा है।"
दुनिया से तो बच गई,
अब ये बताओ...
उससे कैसे बचाना है, जिसे तुमने मुझे सौंपा है?
अब ये बिटिया जाए कहाँ?
जब उसका राजकुमार ही उसे बार-बार घर से निकलने को कहता है,
अब एक और सवाल है इस दिल में—
वो पिता का घर, ये पति का घर...
तो बिटिया का घर क्यों नहीं होता है?
रो-रो के बिटिया सोचे—
जब माँ मारे तो बाबा बचाएँ,
और जब बाबा डाँटें तो माँ मनाए...
पर जब पति हाथ उठाए, तो ये बिटिया कहाँ को जाए?
...घर के काम में रम गई,
खुद की पहचान भी खो रही,
अब किससे कहूँ क्या सोच रही?
बस यूँ ही अकेले बैठ
अपनी कहानी मैं लिख रही।

कविता: नौबत आई क्यों ?

आखिर ये नौबत आई क्यों...
अपनों के बीच हुई पराई क्यों...
प्रेम में इतना डूब गई कि
फिर उसी से धोखा खाई क्यों...
आखिर ये नौबत आई क्यों...
जिसे अपना माना,
उसके लिए मैं पराई क्यों...
और जो मैं पराई,
तो उसके लिए अपने सारे सपने छोड़ आई क्यों...
आखिर ये नौबत आई क्यों...
स्त्री खून के रिश्तों से पराई क्यों,
अनजान लोगों से वह रिश्ता बनाई क्यों...
जिन अनजानों को अपना मान—
अपना तन, मन, धन सब समर्पित कर दिया,
उनके लिए आखिर 'बाहर वाली' ही रह गई...
तो समाज में वह उनकी 'अपनी' कहलाई क्यों?
आखिर ये नौबत आई क्यों...
एक चुटकी सिंदूर की कीमत,
अपने सम्मान को कुचल के
हर बार स्त्री चुकाई क्यों...
'बेटी पराया धन है'—
जिसे कुछ धन के साथ परायों को सौंप देते हैं,
उसके ही माँ-बाप मानो
वो मनुष्य नहीं, कोई वस्तु है...
एक स्त्री
मनुष्य से वस्तु बन पाई क्यों?
आखिर ये नौबत आई क्यों...

कविता : पत्नी

वो सब छोड़ के आती है,
तुम्हारे साथ अपना नया संसार बनाती है...
जीवन पर्यंत तुम्हारा साथ निभाती है...
तुम संसार में घूमते रहते,
वो तुम्हें ही अपना संसार बताती है....
वो पत्नी है तुम्हारी, तुम्हारे कुल का गौरव वो बढ़ाती है...
तुम्हारे मकान को अपने प्रेम से घर बनाती है..
उसे प्रेम और सम्मान करो, वो तुम्हारे लिए खुद को भूल जाती है...

कविता: उसकी पीड़ा समझ लेना

मै बोलने के जमाने में लिख रही हूँ,
तुम सुनने के जमाने में पढ़ लेना।
यह कोई कविता नहीं,
जीवन है नारी का–
तुम उसकी पीड़ा को बस समझ लेना।
मन करता है उसका भी,
पर हर पल वो मन को मारती है।
अपने सपनों की हत्या वो खुद करे,
या तुम उसके सपनों का कत्लेआम करो–
हर सूरत में वही हारती है।
जिनके लिए वह जीती है,
सारी पीड़ा को मुस्कुरा के सह लेती है।
आंच नहीं आने देती जिन पर कोई,
उन्हीं के लिए दिन-रात
चूल्हे की आंच भी सहती है।
थोड़ी कदर कर लो तुम भी उसकी–
वो तुम्हारी ही
पत्नी, माँ या बेटी है।

कविता : विश्वासघात

(बेजान जिंदगी)

लगे थे जो भी जिस्म पे घाव, वो तो मिट ही जाएँगे,
पर जो दिए हैं उसने दिल पर घाव,
उनपर कहाँ कभी मरहम भी लग पाएँगे।
हृदय है आघात बड़ा, टूटा है विश्वास मेरा,
भरोसा अब कभी ना उसपे होगा, थामा था जिसने हाथ मेरा।
मैं रूठी नहीं हूँ उससे, जिसने मुझको तोड़ा है,
बीच मझधार में ला कर उसने, ना पकड़ा ना छोड़ा है।
माँग का है सिंदूर भले वो, पर सौभाग्य ना वो मेरा है,
सात जन्म साथ रहने की कसमें खाई थीं हमने,
पर अब इस जीवन में भी उसका साथ,
मुझे चैन से जीने नहीं देता है।
जिसने हर कसमों-वादों को तोड़ा है,
हर क्षण झूठ ही मुझसे बोला है।
कैसे करूँ विश्वास उसका?
क्यों करूँ विश्वास उसका?
जिसने प्यार के बदले हर बार दिया बस धोखा है।
मंगलसूत्र के काले मोती थे, इस रिश्ते को बुरी नज़रों से बचाने को,
पर वो अकेला ही काफी था, इस सम्बन्ध को ग्रहण लगाने को।
प्यार और समर्पण मैंने निस्वार्थ किया,
फिर क्यों उसने मेरा तिरस्कार किया?
सीने पर ऐसा वार किया—ना घाव दिखा, ना खून बहा,
पर दर्द फिर भी ऐसा हुआ...
ज़िंदा तो सबको दिखती हूँ, पर बेजान सी घूमा करती हूँ।
निश्चल था जो था मेरा हृदय—
उसको उसके 'छल' ने ज़िंदा मार के छोड़ा है।

कविता: कहाँ खो गई वो?

वो डरी-डरी, वो सहमी सी,
एक छुई-मुई सी लड़की थी...
वो गिरती थी,सँभलती थी,
पर दिल जो चाहे करती थी।
वो पापा की प्यारी थी,
मां की भी दुलारी थी।
हर पल मस्त-मौला रहती थी,
एक रौनक थी मुस्कान में उसकी,
झल्ली सी खुश वो रहती थी।
खुद हँसती थी या रोती थी,
पर सबको हँसाया करती थी,
माँ-पापा की लाड़ली वो,
भाई-बहन की प्यारी थी।
दोस्तों की जान थी... कैसे मैं कहूँ?
मेरा अभिमान थी वो।
वो खो है गई, गुम हो है गई,
उसको कहाँ पर ढूँढूँ मैं?
वो रोती है, चुप रहती है,
पर नहीं किसी से कुछ कहती है।
वो टूट गई, वो रूठ गई,
वो तो अब खुश रहना ही भूल गई।

कविता: भरोसा उठा हमारा

भरोसे से भरोसा उठा हमारा...
क्या करें, भरोसा तोड़ने वाला जो था हमारा...
खुद करके खता, इल्जाम सब लगाया हमीं पर,
खुद करके खता, इल्जाम सब लगाया हमीं पर
दोषी ठहराया हमें
और बन गया खुद बेचारा...
भरोसे से भरोसा उठा हमारा...

ना माना कभी उसने दिल से
कि वो गुनहगार है हमारा...
ना माना कभी उसने दिल से
कि वो गुनहगार है हमारा...
हमसे कहीं ज़्यादा
उसे अहंकार था अपना प्यारा...
भरोसे से भरोसा उठा हमारा...

मेरी मौत की खबर भी
उसे बेचैन न कर पाई...
मेरी मौत की खबर भी
उसे बेचैन न कर पाई...
तब समझ पाई
कि उससे हमसे प्यार कभी था ही नहीं...
बस हमें हासिल करने के लिए
उसने खेल रचा था सारा...
एक जुनून सवार था उसपे
हमें हासिल करने का...
एक जुनून सवार था उसपे
हमें हासिल करने का...
हमें पा के उसने समझाया—

"तू है हमारा,
पर मैं नहीं तुम्हारा...
भरोसे से भरोसा उठा हमारा...

तो लो अब मैं कहती हूँ तुमसे,
सुन लो अब तुम भी फरमान हमारा...
जो प्रेम के नाम पर छला था तुमने हमें,
जो तू कभी हो न पाया हमारा,
तो अब तोड़ रही मैं
ये नाम का रिश्ता हमारा...
क्योंकि तुम पर से भरोसा
उठ चुका अब सारा का सारा हमारा...
भरोसे से भरोसा उठा हमारा...

कविता : सन्नाटे का शोर

चुप रहने की जो मैंने ठानी,
अब किसी से ना कुछ कहना है...
अब इस सन्नाटे के शोर में,
मुझको यूँ ही अकेले रहना है।
लोगों की इस भीड़ में भी,
अकेले मुझको चलना है...
हो जाने दूँगी जो भी होना होगा,
अब ना किसी से लड़ना है।
इस सन्नाटे का शोर बड़ा है,
जाने क्या कुछ मुझसे ये कहता है...
पर अब थक गई हूँ मैं भी,
अब ना किसी से लड़ना है।

अध्याय : 2 बेड़ियाँ और द्वंद्व

विशेष नोट:

इस अध्याय की कविताएँ उस दौर की आंतरिक लड़ाई की गूँज हैं, जहाँ नारी समाज, रिश्तों और खुद की अपेक्षाओं के जाल में उलझी रहती है। ये कविताएँ बताती हैं कि कैसे मानसिक और भावनात्मक बंदिशें उसे भीतर से तोड़ने की कोशिश करती हैं और किस तरह वह अपने भीतर छिपी शक्ति को पहचानने की ओर बढ़ती है।

कविता: हमसफर या हम-सफर?

वो साथ है पर पास नहीं, जाने क्यों इसका उसे कोई एहसास नहीं...
खुद में इतना गुम हो गए, कि 'हम', हम से 'मैं और तुम' हो गए।
जाने कब वो खुद में इतना मसरूफ हो गए,
कि हम एक-दूजे से दूर हो गए...
हम एक-दूजे के तो हो गए,
पर अब बस 'मैं और तुम' बनकर खुद में ही गुम हो गए।
'मैं और तुम' से 'हम' के सफर में साथ एक-दूजे का निभाना पड़ता है,
पूरे दिल से एक-दूजे में गुम हो जाना पड़ता है।
पर जिस सफर में हमें साथ चलना था,
उसपर मैं अकेले खड़ी उसका इंतज़ार कर रही...
अब तो बस ऐसा ही लगता है, ये हमसफर का नहीं,
'मैं और तुम' का एक रिश्ता है।
वो जब अकेले ही अपनी राह चल रहा...
तो क्यों मैं जीवन भर उसके वापस आने का इंतज़ार करूँ?
ये जीवन अनमोल है, क्यों मैं इसे किसी ऐसे के लिए बर्बाद करूँ?
हमसफर हो कर भी जब तुम्हें अलग-थलग ही चलना है,
तो क्यों ना मैं तुम्हें इस रिश्ते से आज़ाद करूँ?
तुम्हारा साथ अब छोड़, मैं मेरे साथ चलूँ...

कविता: व्यथा
(संस्कारों के पीछे का अदृश्य संघर्ष)

कहने आई व्यथा स्त्री की,
सुन ले प्यारे कथा स्त्री की...
जन्म से पहले शुरू हो जाता है संघर्ष जिसका,
मृत्यु के बाद भी लूटी जा सकती आबरू जिसकी...
सुन ले प्यारे दुर्दशा स्त्री की...
कहने आई कथा स्त्री की...
सोच के देखो उन नीचों की मानसिकता,
जो कोख में ही खून करते अपने ही खून का,
क्योंकि वो थी बेटा नहीं–बिटिया...
घबराता है मन जब सुनती हूँ,
वो बस 6 महीने की थी,
जब उसके ही घर के किसी सदस्य ने
अपनी हवस का शिकार बना डाला उसे...
दिल रोता है मेरा जब सुनती हूँ–
वो 3, 5, 18, 21, या 80 ,90 की थी,
या मृतक ही क्यों न हो चुकी थी,फिर भी किसी वहशी ने उसे नहीं छोड़ा...
कभी वो अनजान अजनबी,
तो कभी घर में रहने वाला कोई अपना था...
पीड़ा का भंडार है,
फिर भी लाती सबके चेहरों पर मुस्कान है...
"बाबा, मुझको पढ़ना है,
कुछ तो ऐसा करना है,
काम करूंगी, नाम करूंगी,
भैया के जैसे मैं भी तुम्हारा अभिमान बनूंगी..."

"तू चुप कर बिटिया रानी,
माँ के संग चूल्हा-चौका सीख,
तू पढ़-लिख कर क्या करेगी?
तू तो पराई है, तुझे पराये घर जाना है..."
चलो बाबा ने पढ़ा भी दिया,
बिटिया को ब.ए करा भी दिया...
बिटिया 18 की हो गई, 19 और 21 की हो गई,
अब जल्दी इसका ब्याह रचाना है...
कहीं प्यार में पड़ पिता की इज्जत को ठेस न पहुँचा दे,
उससे पहले उसे किसी और के घर की इज्जत बनाना है...
संस्कारों का सारा पाठ पढ़ा दे गुड़िया की माँ,
वरना ससुराल वाले कहेंगे—इसे क्या सिखाया है...
माँ बोली—
"डोली यहाँ से जाएगी, अर्थी ही वहाँ से निकलनी चाहिए..."
"सास को माँ, ससुर को पिता मानना,
पति को परमेश्वर जानना..."
"जितना ज्यादा सहना सीखेगी,
उतनी ही संस्कारी कहलाएगी..."
जब माँ ही दे ऐसी शिक्षा,
तो बेचारी तो बिटिया बन ही जाएगी...
अगर अन्याय के खिलाफ एक शब्द भी बोलेगी,
तो ये दुनिया सबसे पहले उसके चरित्र पर उंगली उठाएगी...
तू कितनी भी सच्ची क्यों न हो,
तेरा जीना हराम कर देगी ये दुनिया...
क्या कहूँ अब यही है दुर्दशा स्त्री की—
उसे इंसान नहीं, "महान" बनाना है...
पतिव्रता का झूठा टैग लगा,
उम्र भर उसका शोषण करना है...
अब यही है दुर्दशा स्त्री की—
जन्म से पहले उसकी जान बचाना है,
और जन्म के बाद से मृत्यु तक बस उसकी "इज्जत" बचाना है..
यही तो एक सभ्य समाज का फसाना है।

इज्जत तो उसकी बचती नहीं,
उम्र के किसी भी पड़ाव में...
फिर भी दोष उसी को दिया जाता है,
इसलिए वो सब चुपचाप सह जाती है...
अब यही है व्यथा हर स्त्री की—
उसकी प्रतिभा को कुचल कर,
उसे बस किसी की पत्नी बनाना है...
उसका जीवन सबके लिए है,
पर उसके जीवन में उसका कोई अधिकार नहीं—
यही पाठ उसे पढ़ाना है...
जो जीवन उसे खुद को पहचानने के लिए मिला,
उसकी पहचान भी किसी पुरुष से कराना है...
इस सृष्टि की सबसे खूबसूरत रचना का
कोई अस्तित्व नहीं—
ये उसने बचपन से ही सीखा है...
उसे खुद के बारे में सोचने का अधिकार तक नहीं दिया जाता...
बोल सकती है वो,
पर क्या सोचती है—ये कोई नहीं पूछता...
मुक्ति ही जीवन का उद्देश्य है,
और स्त्री से सबसे पहले यही अधिकार छीन लिया जाता है...
क्या कहूँ अब व्यथा स्त्री की—
इस सृष्टि में बड़ी बुरी है दुर्दशा स्त्री की...

कविता: स्त्री: एक व्यथा

देखो-देखो वो कोख में आई...
हे राम! अब इसकी कथा भी होगी क्या दुखदाई?
देखो ना वो कब्र में समाई...
तब भी उसकी देह लुटने से ना बच पाई।

ऐ खुदा! तूने स्त्री क्यों ही बनाई?
पुरुषों के दोष की सजा क्यों हर बार उस निर्दोष ने पाई?
पहले हमने बेटी बचाई,फिर उसकी पूरी करवाई पढ़ाई,
तब भी पिता के घर से पति के घर जा कर,
उसने खुद की ऊँची से ऊँची संभावना खुद ही मिटाई।

जन्म के पहले से लेकर मृत्यु के बाद तक,
स्त्री 'भोग' की वस्तु है—
ये एक शिक्षा हमने पुरुषों को बड़ी शिद्दत से करवाई।
हमने स्त्री को मर्यादा तो सिखाई,
पर पुरुषों को जाने क्यों 'संयम' की शिक्षा नहीं पढ़ाई!

परिणामस्वरूप हमने स्त्री के लिए एक शोषित दुनिया बनाई।
उम्र कोई भी हो, वो ज़िंदा हो या मर गई हो,
वो घर में हो, या हो घर से बाहर वो,
वो 3 साल की बच्ची हो या 90 साल की वृद्धा,
चाहे बना हो नारी का कोई चित्र...

हम उस देश में रहते हैं जो 9 दिन नारी को पूजता है,
और बाकी दिन उसको अपमानित कर उसका हर तरीके से शोषण ही
तो करता है।
हे राम! आखिर क्यों तूने मनुष्यों की चेतना इतनी छोटी है बनाई?
स्त्री जो जीवन का आधार है,
उसने मरकर भी अपनी आबरू लुटती ही पाई।

कविता: पिंजरे की छटपटाहट

जब दुनिया सो जाए, तब क्यों मैं जागती हूँ?
सबके आगे मुस्कुराती, छुप छुप के रोया करती हूँ।
है मेरा अस्तित्व क्या? ये सवाल खुद से पूछा करती हूँ,
टूट कर रोती हूँ रातों में, फिर दिन में उठ खड़ी मुस्कुरा के चलती हूँ।

क्यों फँसी हूँ कशमकश में, कोई तो मुझको इससे उबारो...
कोई तो मेरा हाथ पकड़ो, इस भँवर से मुझको बाहर निकालो।

एक चुटकी ही तो उसने मेरे माथे पर सजाई,
फिर ये बता दो क्यों मैं आखिर 'बाबा' के घर ना लौट पाई?
ना कद्र जो उसने मेरी कभी भी है दिखाई,
ना फिक्र मेरी उसे जाने क्यों है कभी सताई।
ना मेरा सम्मान है, ये कैसा उसका अभिमान है...
क्यों अपनी झूठी मर्दानगी में, उसने मेरे 'नारीत्व' को है दबाया?

जो उसका दिल चाहे वो मेरे साथ कर सकता है,
और मैं चाह कर भी अपने लिए क्यों कुछ कर ना पाई?
थाम लो मेरा हाथ कोई, मुझे इस दलदल से निकालो...
घुट रही हूँ मैं हर पल, मेरी आत्मा मरने से पहले मुझको बचा लो।

मेरी आत्मा धिक्कारती मुझको—"क्यों नारी मजबूर हो जाती?"—
ये सवाल कर जाती मुझसे,
"उठ खड़ी हो और लड़ जा, खुद को अब इस पिंजरे से बाहर
निकालो"—ये बात कह जाती मुझसे।

कोई तो मेरा हाथ थाम मुझे इस अंधियारे से निकालो,
कोई तो मुझ तक भी थोड़ी रोशनी की किरणें पहुँचा दो।
जब सो जाए ये दुनिया, तब भी मैं जागती हूँ,
एक दिन सब ठीक हो ही जाएगा, बस यही खुद से कहती रहती हूँ।

कविता :मिट्टी से सोना,या खिलौना

किंचित भी संदेह नहीं कि ऐ नारी, तू चमत्कारी है,
भूल बैठी है खुद को तू अब...
कि तू शक्ति का प्रतीक है,
तब से रह गई तू बस अबला और बेचारी है।
आत्म-मंथन अब तू क्या ही करेगी,
जब अपने आत्म-बल को तू भूल चुकी...
बाँट दिया खुद को इतने रिश्तों में,
कि अब तेरी स्वयं के लिए कोई पहचान नहीं।
साहस तुझमें इतना है कि मिट्टी को छुए तो कर दे सोना है...
सोना है, सोना है, सोना है...
जिसके संग जीवन भर तुझे होना है,
उसके लिए तू बस एक खिलौना है...
क्योंकि उसको तो बस तेरे साथ "सोना" है।

कविता: वामांगी का अधिकार

सोच-सोच के सोच रही, कि क्यों मैं इतना सोच रही?
जब ईश्वर ने ये जीवन मुझे दिया है,
तो क्यों इसे किसी और को सौंप रही?

जब ये जीवन मेरा है,
तो इसकी डोर किसी और ने क्यों थामी है?
साँसें जब ये मेरी हैं,
तो क्यों ये शरीर उसका अनुगामी है?

क्या मैं इतनी दुर्बल हूँ,
जो बना बैठी किसी अन्य को अपना स्वामी हूँ?
जो मिलता उससे प्रेम मुझे,
तो अंतिम श्वास तक उस पे समर्पित थी,

मेरे समर्पण, मेरी सहनशीलता,
मेरे प्रेम को मेरी कमज़ोरी समझ—
नहीं किया सम्मान मेरा,
पल-पल किया तिरस्कार मेरा!

मेरे प्रेम के प्रतिफल में
उसने मुझे छल, कपट और अपमान दिया,
साजिशों का जाल बुना...
माया से भरी इस दुनिया में,
उसने भी मेरे लिए मायाजाल बुना।
पर अब मैं उसकी आभारी हूँ...
उसके कारण ही तो मुझे जीवन का लक्ष्य मिला,
क्या करना है अब आगे, ये मुझे स्पष्ट हुआ!

उसके व्यवहार से समझ गई,
उसके जीवन में क्या है स्थान मेरा...
जब पत्नी 'वामांगी' होती है,
तो ही पति को 'वामांग' होने का अधिकार मिला।
ना उसने मुझे वामांगी होने का सम्मान दिया—
तो मैंने भी उससे मेरा वामांग होने का अधिकार छीन लिया!

जिसे होना था रक्षक मेरा,
जब उससे ही खुद को रक्षित करना हो...
तो ऐसे रिश्ते से अच्छा है,
कि मेरे जीवन में कोई रिश्ता ही ना हो!

कविता :-स्वयं से प्रेम
(एक नई शुरुआत)

जवाब नहीं हूँ अब मैं तुम्हारा,
तुम्हारे लिए मैं सवाल बन जाऊंगी?
अजी छोड़िए प्यार-मोहब्बत की बातें,
तुम्हारे धोखे ने इतना मजबूत कर दिया हमें कि तुम्हारे लिए अब
ख्याल बन जाऊंगी।

टूटने, बिखरने, तड़पने का अब दौर गया,
खुद के घाव पे मरहम लगाना अब हमने सीख लिया।
जिस्म के घाव तो भर जाते हैं,
आत्मा के घाव दिखते कहाँ,
अंदर ही अंदर हमें खोखला कर जाते हैं,
अब हक ना दूंगी तुमको
फिर कि तुम मेरे दिल पे कोई घाव भी दो...

जो दे चुके हो उनको मैं खुद भर लूंगी,
पर अब आगे किसी को खुद को दुख देने ना दूंगी...
जिसे जिससे प्यार करना है वो करे,
मैं खुद के साथ पहले प्यार निभाऊंगी...
ईमानदारी दिखाऊंगी खुद के साथ,
तभी तो किसी और के साथ छल न कर पाऊंगी।

अध्याय : 3 मंथन

(आत्म-साक्षात्कार और द्वंद्व का केंद्र)

विशेष नोटः

जब जीवन के कड़वे अनुभव भीतर तक उतरने लगते हैं, तब मन शांत नहीं रहता—वह सवाल करता है, टकराता है, टूटता है... और फिर उसी टूटन से जन्म लेता है "मंथन"।
यह अध्याय उसी आंतरिक संघर्ष और सत्य की खोज का साक्षी है, जहाँ सही-गलत, अपने-पराये और सत्य-असत्य के बीच मन बार-बार उलझता है। यह वह अवस्था है जहाँ बाहर से सब कुछ सामान्य दिखता है, पर भीतर एक कोलाहल मचा रहता है। इसी उलझन और खुद से किए गए तीखे सवालों के बीच, हम धीरे-धीरे अपने अस्तित्व की परतों को खोलते हैं और स्वयं के और भी करीब आते हैं।
यहीं से शुरू होती है—असली बदलाव और आत्म-बोध की यात्रा।

कविताः प्यार या स्वार्थ

वहाँ से यहाँ का सफर आसान नहीं था...
याद रखो ये जीवन था, कोई मज़ाक नहीं था...
यहाँ गिरना, खड़े होना, लड़ना और संभलना,
सब खुद करना पड़ता है...
कहने को तो सभी अपने हैं...
सब में प्यार है,
पर जिस दिन सबके लिए करना छोड़ के अपने लिए बस कहना भी
शुरू कर दोगे,
उस दिन समझ जाओगे...
जिसे तुम प्यार समझ रहे थे,
वो बस स्वार्थ था,
कोई प्यार नहीं था...

कविता: नई शुरुआत

शुरुआत करते हैं,
अपनी नई शुरुआत करते हैं।
इसके, उसके, अपने, पराए—
जिसके लिए जो करना था किया,
अब अपने लिए भी कुछ करते हैं।
अपनों के लिए सपनों को छोड़ा था,
अब फिर से सपने देखने की शुरुआत करते हैं।
अपनों के लिए जो और जितना बन पड़ेगा करेंगे,
पर उसमें अब खुद के अस्तित्व का अंत न करेंगे।
जो भी आकर कहेंगे,
"तुम स्त्री हो, तुम्हें ये ही करना चाहिए"—
उससे कह देंगे,
"हम जानते हैं हमें क्या और कितना करना है,
आप अपनी देख लो,
क्योंकि आपकी मान कर तो हमारे अस्तित्व का ही अंत हो रहा था।"
अब हम वापस अस्तित्व में आने की शुरुआत करते हैं।
लोग क्या कहेंगे? यह सबने हमें खूब सुनाया,
अब लोगों से सच कहने की शुरुआत करते हैं।
स्त्री को जो झूठी बातें बता- बता कर कमजोर बनाया,
अब हम उस झूठ की सच्चाई लोगों के सामने लाने की शुरुआत करते हैं।
शुरुआत करते हैं,
अपने लिए फिर एक बार करते हैं।
शुरुआत करते हैं,
जहां हैं वहीं से करते हैं।
जो है उसी से करते हैं।
बस शुरुआत करते हैं।

कविता : अर्धांगिनी का दर्पण

(न पूजा, न शोषण, बस मनुष्यता)

मैं वो हूँ जो घर-घर में पूजी जाती है,
मैं वो हूँ जो हर घर में अपमानित कर दी जाती है।
मैं वो हूँ जो वंश को आगे चलाती है,
फिर भी जीवन में पीछे रह जाती है।

मैं वो हूँ जो सबके सपनों को पूरा करने की दुआ ईश्वर से करती है,
मैं वो हूँ जिसे सपने देखने का हक भी नहीं दिया जाता है।
मुझे गर्व है कि मैं उस देश की बेटी हूँ
जहाँ नारी को पूजा जाता है,
पर दुख भी है कि मैं उस देश में रहती हूँ
जहाँ उसकी हर सोच को कुचला जाता है।

मुझे गर्व है कि मैं उस देश में रहती हूँ
जहाँ बहन की रक्षा की कसम भाई खाता है,
और मुझे दुख इस बात का है
कि वही भाई किसी और की बहन की इज्जत लूट घर आता है।

मुझे गर्व है कि इस देश में माँ बेटी को सिखाती है
कि अब सास तुम्हारी नई माता है,
और मुझे दुख है कि इस देश में अक्सर बहू को जलाया जाता है।

मुझे गर्व है कि इस देश में माँ तो बस बेटी को घर के कुछ काम सिखा
के ससुराल भेज देती है,
तो सास ही नई माँ बन के बहू को घर-बार चलाना सिखा देती है।
और मुझे दुख इस बात का है
कि वही बहू एक दिन बूढ़ी सास को घर से निकाल देती है।

हर सिक्के के दो पहलू हैं, मैंने दोनों को ही समझा है।
ये जाना है, ये माना है कि कहीं सास गलत होती है,
कहीं बहू गलत होती है, कहीं माँ गलत होती है,
कहीं बेटी गलत होती है।
एक स्त्री की पीड़ा का कारण जितना एक पुरुष होता है, उससे भी
कहीं ज़्यादा एक स्त्री ही गलत होती है।

माँ विदाई में बोल देती है बेटी से—
"बेटी! मायके से डोली निकली है, अर्थी ससुराल से निकलेगी।"
इस बात का बोझ कुछ ऐसा होता है
कि नारी पूरी ज़िंदगी चुप रहती है, अत्याचारों को सहती है, नहीं
किसी से कुछ भी कहती है।

अब तो बदलो खुद को...
हम नारी हैं, हम जननी हैं।
चाहे जन्म दो एक बेटे को, या जन्म दो एक बेटी को,
पर उसके जन्म से पहले खुद के अंदर जन्म दो नए विचारों को!
अब इस पुरानी सोच को तोड़ो और बढ़ चलो नई दिशा को।
न नारी को पूजो, न उसका शोषण करो,
वो मनुष्य है, उससे बस मनुष्यता भरा व्यवहार करो।

कविता: नज़रिया

शहर की ओर पीठ कर,
जब समुंदर की ओर देखा...
तो लगा सब खत्म हो गया।
और जब पीछे मुड़े,
तो समझ आया कि...
अभी बहुत कुछ बाकी है।
जो बीत गया वो 'कल' था,
आने वाले कल की नींव आज हमें रखनी है।
जो अच्छा-बुरा होना था हो गया,
वो 'अयान' (बीता हुआ समय/सफर) था मेरा...
अब ज्ञान का दीपक जला,
एक नई राह पर चलना है।

(नजरिया बदलो , जीवन भी बदल जाएगा)

कविता : गिरना ही उठना है

गिरना भी ज़रूरी था...
वरना फिर से खड़े होने का जुनून न मिलता।
बार-बार गिरना ज़रूरी था...
वरना अपने अंदर की कमज़ोरी का पता न चलता।
गिरना बहुत ज़रूरी था...
वरना वास्तव में अपना कौन है, इसका पता न चलता।
वास्तव में गिरना इतना ज़रूरी था...
कि जो न गिरती, तो 'मैं कौन हूँ' का सवाल मन में न आता,
और इस सवाल का जवाब मुझे कभी न मिल पाता ।

कविता : खुद को पाना

बहुत सारे सवाल लिए अकेले खड़ी हूँ...
अपने बहुत हैं पर अपना कोई नहीं।
अकेली आई थी, अकेले ही तो एक दिन जाना भी होगा,
फिर क्यों किसी और की तलाश में उलझूँ?
अब बस खुद को पाना ही मेरा आखिरी ठिकाना होगा।
हो चुकी अब मैं सबसे बहुत दूर,
उसकी भनक तक किसी को आज नहीं,
लोग दुनिया में उलझे हैं, मुझे खुद को सुलझाना होगा।
बहुत से सवाल हैं मेरे अंदर,
उनके जवाब पाने के लिए जाने किस ओर मुझे अब जाना होगा।
आँखों में आँसू तो हैं पर उसे सबसे छुपाना होगा,
दिल में दर्द भी बहुत है पर उसे दिल में ही दबाना होगा।
अब तक सबके लिए जी रही थी,
अब खुद के लिए भी जी के दिखाना होगा।
उदास तो हूँ पर फिर भी मुस्कुराना होगा,
आँसू भी बह रहे पर इसे अपनी कमज़ोरी नहीं,
अपनी ताकत बनाना होगा।
हाँ, अकेलापन दर्द देता है मुझे,
पर मेरे इस अकेलेपन को मुझे मेरी ताकत बनाना होगा।
दूसरों से जीतने से पहले अपने डर को हराना होगा,
टूट चुकी हूँ पर फिर भी मुस्कुराना होगा...
अपने सभी सवालों के जवाब कहीं से भी ढूँढ कर लाना होगा।
अपनों के बहुत पास हो के भी अब सबसे दूर हो गई हूँ मैं,
सब जो चाहते हैं मुझसे वो सब कर रही हूँ मैं,
पर अब अपने किसी 'अपने' से कोई उम्मीद नहीं रख रही हूँ मैं।
मेरे अपनों ने मुझे अपने साथ अपनी ज़रूरत के लिए रखा है,
ये बात जानती हूँ मैं,
पर खुश हूँ इस बात से कि मैं कभी किसी से मतलब के लिए नहीं जुड़ी,
ये बात भी मानती हूँ मैं।

ये अहसास दर्द भरा है, पर जो भी है ये बस एक अहसास ही तो है,
ये जवाब नहीं मेरे सवालों का...
मुझे इन अहसासों में पड़ के अपने सवालों से भटकना नहीं है।
अहसास तो बदलते रहते हैं पर मेरे सवाल नहीं बदलेंगे,
जब तक उनके जवाब मैं ढूँढ ना लूँ।
बहुत सारे सवाल लिए अकेले खड़ी हूँ मैं,
खुद को तलाशने के लिए खुद के ही अहसासों से लड़ पड़ी हूँ मैं।

कविता :आत्म-बोध: मैं कौन हूँ?

मैं क्या हूँ, मैं क्या हूँ?
यह भी नहीं पता मुझे,
माया में इतनी लिप्त हूँ,
कभी नहीं मैं तृप्त हूँ।

कल्पनाओं ने भरमाया है,
अतीत और भविष्य में ही फँसाया है,
अंतर्मन में झाँकना जो आया है,
तो पहला सत्य तो यही नज़र आया है–
अनचाहा हो या मनचाहा, अंत में उसने दुःख ही पहुँचाया है।

व्याकुल है प्रतिक्षण मन मेरा,
तृष्णा के पीछे भागता ही चला,
जन्म से ही मृत्यु की ओर दौड़ता,
मृत्यु से पहले तू जाग जा!
खुद के भीतर उतर,
और अंतर्मन की गहराई में उतर,
सत्य को तू झाँक जा।

कविता: 'मैं' की तलाश

क्या कहूँ, क्यों हूँ मैं, क्या करूँ, कैसे करूँ?
क्या सोचूँ, क्या लिखूँ? सवाल कई हैं, जवाब को तड़पूँ...
कौन हूँ मैं, कौन हूँ मैं? कहाँ से आई, क्यों हूँ आई?
तड़प रही जवाब पाने को...
नारी हूँ ये जानती हूँ,
पर असली अस्तित्व मेरा कहाँ पहचानती हूँ?
'मैं' की तलाश में भटक रही हूँ,
पर 'मैं' से ना मिल पा रही हूँ,
छोड़ के बैठी सब कुछ अपना,
क्या करना है कुछ ना जानती हूँ।
अजीब भँवर में मैं हूँ पहुँची,
यहाँ से निकलने का रास्ता खोज रही हूँ,
क्या होगा मेरा?
कुछ तो इशारा दो मुझे,
ये कैसे मोड़ पे खुद को पा रही हूँ।
राह कोई दिखती नहीं,
जाने किस ओर जाना है,
चारों ओर बस अंधियारा दिखता,
रोशनी की किरण नज़र ना आ रही है।
मंज़िल तक कैसे पहुँचूँगी?
जब रास्ता बस ढूँढे जा रही हूँ,
अंधियारे से कैसे निकलूँ?
ये क्यों नहीं मैं समझ पा रही हूँ।
करो सहायता ईश्वर मेरे,
कोई तो रास्ता मुझको सूझे...
बस तुमसे ये आस लगा रही हूँ,
बस तुमसे ये आस लगा रही हूँ।

कविता: आत्म-मंथन

तलाश में हूँ खुद के,
मिलूँगी खुद से कैसे?
तड़प रही हूँ वैसे,
जैसे जल बिन कोई मछली।

निश्चित है यहाँ सब कुछ, या अनिश्चितता बड़ी है?
कर्मों का मायाजाल है, या माया से रचा हमारा कर्म है?

श्वास-प्रश्वास में मैं हूँ, या मुझमें श्वास-प्रश्वास है?
मुझमें ही सब प्रक्रिया है, या प्रक्रियाओं में मैं हूँ?

मैं हूँ तो कौन हूँ, कहाँ से आई हूँ मैं?
कहाँ को है जाना, क्या हूँ मैं ईश्वर की परछाई?

हूँ मैं स्वप्न में, या मुझमें घटता ये स्वप्न है?
मैं हूँ किसी ब्रह्मांड में, या खुद ही मैं ब्रह्मांड हूँ?

तलाश में हूँ खुद के...
मिलूँगी खुद से कैसे?

कविता: अब मेरी बारी है

(आत्म-सुधार)

बहुत समझा है लोगों को,
अब खुद को समझने की बारी है...
बहुत जाना है अपनों को,
अब ज़रा खुद को पहचानने की बारी है।
दूसरों में कमियाँ बहुत ढूँढ लीं,
अब खुद की कमियाँ निहारने की बारी है,
दूसरों से 'सही' की उम्मीद बहुत कर ली,
अब खुद से खुद को सही दिशा पर ले जाने की बारी है।
जो हो रहा उसे छोड़कर,
खुद कुछ करने की बारी है,
दूसरों को सुधारना नहीं है,
अब खुद सुधरने की बारी है।
दूसरों के बोले गए शब्दों को ना पकड़ के,
खुद के शब्दों को ध्यान से बोलने की बारी है,
दूसरे क्या कर रहे उन्हें ना देखते हुए,
खुद सही कर्म करने की बारी है।
अपनी और औरों की गलतियों से सीखकर,
खुद में सुधार करने की बारी है,
अब खुद को तैयार कर,
काबिल बनने की तैयारी है!

अध्याय : 4 प्रतिबिंब

विशेष नोट:

दुनिया के बनाए आईनों को तोड़कर, खुद की रूह के आईने में झांकने का साहस ही 'प्रतिबिंब' है।

यह अध्याय उस 'साहस' की गूँज है, जहाँ एक स्त्री दूसरों की आँखों में खुद को ढूँढना बंद कर देती है। यह वह दौर है जहाँ समाज के बनाए 'आदर्शों' और 'अपेक्षाओं' के मुखौटे उतरने लगते हैं और रूह का असली चेहरा सामने आता है।

इन कविताओं में आपको वह 'आत्म-साक्षात्कार' मिलेगा, जहाँ खुद की कमियों और शक्तियों को बिना किसी पर्दे के स्वीकार किया गया है। यह यात्रा है—बाहरी दुनिया के शोर से हटकर, अपनी ही आँखों में झाँकने और खुद को पहली बार 'वैसा ही' पहचानने की, जैसी मैं वास्तव में हूँ।

कविता: रूपांतरण

(राख से प्रकाश तक)

बिखर चुके थे, ये बीते कल की बात थी,
निखर रहे हैं, ये 'आज' है मेरा।
विचार क्रांति लानी है जो, तो विकारों से मुक्ति पहले पाना है,
सब्र रखा है, पर अब एक हड़बड़ाहट भी है—
मरने से पहले 'जीते' कैसे हैं, ये मुझे जी के दिखाना है।

जिन्होंने झूठ को सच मान लिया है...
उनकी आँखों की पट्टी हटा उन्हें वास्तविक सत्य दिखाना है...
विचारों की क्रांति लाना है,
शोषित मानसिकता से छुटकारा पाना है...
सत्य को उजागर कर खुद के जीवन में रोशनी लाना है..
फिर एक दिन औरों के लिए भी प्रकाश-पुंज बन जाना है।

कविता: प्रतिबिंब की तलाश

खुद के प्रतिबिंब को देखकर, खुद को तलाश कर रही हूँ...
खुद के प्रतिबिंब को देखकर, खुद को तलाश कर रही हूँ।
क्या हूँ मैं कोई अबला नारी? या हूँ फिर कोई बेचारी?
खुद से ही ये सवाल कर रही हूँ।
खुद को बेचारी समझकर, कर रही खुद का अपमान,
तो फिर कोई और क्यों करेगा मेरा सम्मान?
सोच रही है ये बेचारी, अब वक्त बदलना है,
हूँ नहीं मैं अबला नारी, ना हूँ कोई बेचारी।
औरों को ये बात बतलाने से पहले, खुद की सोच बदलना है,
हाँ, इस अबला नारी को अब इतिहास बदलना है।
बहुत हुआ ये रोना-धोना, अकेले में खुद को भिगोना...
अब रोना नहीं, बताना है, अब कुछ कर के दिखाना है।
हाँ, हूँ मैं एक नारी, पर नहीं मैं कोई बेचारी...
हूँ मैं स्वाभिमानी, नहीं तुम्हारी तरह अभिमानी।
अब सिर उठाकर चलना है, नहीं किसी के टुकड़ों पर पलना है।
जब हर पल करते हो तुम मेरा अपमान,
तो कैसे मैं कर पाऊँगी तुम्हारा सम्मान?
बन कर आई थी तुम्हारी संगिनी मैं,
सोचा था अब सदैव मुझे तुम्हारे साथ ही चलना है।
पर बस अपने अभिमान में आकर, करते रहे तुम मेरा अपमान...
अब बहुत हुआ मेरा अपमान!
अब अपने ही नहीं,
मेरे जैसी सभी स्त्रियों के स्वाभिमान के लिए मुझे लड़ना है,
जिसका तुम जैसे जीवनसाथी हर वक्त करते हो अपमान,
अब उन स्त्रियों के सोए हुए स्वाभिमान को
मुझे झकझोर के जगा देना है,
जीवन में ये एक काम मुझे करना है।
तुम्हारी अर्धांगिनी बन मुझे तुम्हारे पीछे-पीछे नहीं चलना है,

अब अपनी तलाश में मुझे आगे बढ़ना है,
और खुद को बेहतर से बेहतरीन करना है।
नहीं ज़रूरत मुझे ऐसे जीवनसाथी की, जिसके साथ जीकर सारा
जीवन मुझे कष्ट ही हो।

अब खुद के पैरों पे खड़े होना है, खुद के लिए बहुत कुछ करना है...
जान के इस जीवन का उद्देश्य, उस पथ पर आगे बढ़ना है,
अब औरों से पहले खुद से प्यार करना है...
खुद से प्यार करना है।

कविता: चेहरे पर चेहरा: एक भ्रम

हम ऐसे हैं, वो वैसे हैं, जाने कौन सच में कैसे है...
क्योंकि हर चेहरे के पीछे छुपे कई चेहरे हैं।
जो जैसे हैं, दिखते न वो वैसे हैं...
सबने अपने चेहरे पर नकाबों के पहने कई और चेहरे हैं।
वो कहते हमको अपना हैं, पर मन का भेद तो वो ही जानें...
साजिशों में छुपा रखे उन्होंने अपने कई चेहरे हैं।
हम जैसे हैं न हम ही वैसे, तो कैसे मानें–
कि जो वो दिखा रहे, वो बिल्कुल वैसे हैं...
मनुष्यों की देह के पीछे हमने मानो छुपा रखे–
लोमड़ी और भेड़ियों से चेहरे हैं।
हम ऐसे हैं, वो वैसे हैं, जाने कौन सचमुच कैसे है...

कविता: प्रेम का असली अर्थ
(एक चेतावनी)

कोई चेहरे की तारीफ कर दे, तो पिघल ना जाना...
आज तारीफ करने वाला ही कल तुम्हें अपमानित कर दिखाएगा।
आज जो गाल बड़े सुंदर और मुलायम हैं,
कल उन्हीं पे वो ना जाने कितने चांटे लगाएगा।

तुम्हारे बिना रह नहीं सकता—ये कहकर तुम्हें अपनाएगा,
और उस एक चुटकी सिंदूर की कीमत तुमसे ता-उम्र चुकवाएगा।
जो हो प्रेम सच्चा—तो उसमें सावधान हो जाओ,
जो इसमें डाली सोच बुरी—तो दोनों में से कोई खुश रह ना पाएगा।

गलती नहीं है अब किसी की भी,
इस समाज में रह तुम दोनों ने यही सीखा है,
एक 'स्वामी' है एक 'दासी' है—ये राम की नहीं,
इस समाज की लीला है।

खोलो अपनी-अपनी आँखें,
दुनिया की सुनना छोड़ अपने मन को टटोलो,
अगर सचमुच प्रेम करना हो—तो राम और सीता सा प्रेम रखो,
वरना ये मिथ्या बोल-बोल, प्रेम को ना तुम तोलो।

प्रेम पवित्र है, उसे अपवित्र षड्यंत्रों में मत घोलो।
आँखें खोलो और पहचानो, प्रेम के असली अर्थ को जानो...
किसी झूठे मायाजाल में पड़, खुद के जीवन को ना व्यर्थ कर डालो।

कविता: नज़रिया
(सिक्के के दो पहलू)

होना कहीं और था, खड़ी कहीं और हूँ...
नियति को जिसे जहाँ पहुँचाना होता है, वो वहाँ पहुँच ही जाएगा।
समय से पहले तुम कुछ ना समझ पाओगे—
कुछ भी क्या और क्यों हो रहा...

पर जो भी हो रहा, एक बात याद रखो—सब अच्छा और अच्छे के लिए हो रहा।
जब ये समझ आएगा, तो असफलता से भी प्यार हो जाएगा...
क्योंकि तब तुम्हें असफलता में भी 'अवसर' नज़र आएगा।

नज़रिए की बस बात है,
असफलता दुखी करेगी—तो दुःख ही जीवन में आएगा,
और अगर असफलता में स्थिर होकर अवसर को समझ पाए—
तो सफलता का आरम्भ उसी क्षण हो जाएगा।

सुख और दुःख तो एक ही सिक्के के दो पहलू हैं।
जब तुम दुखी हो तो याद रखो, सिक्के के दूसरी तरफ—
ऐसा बहुत कुछ है जो तुम्हें सुखी कर जाएगा।
पर तुम ही हो, जो सिक्के को पलट के देखते नहीं...

'सुख के बाद दुःख' और 'दुःख के बाद सुख'—ये गलत है,
सुख और दुःख एक साथ हैं और उसी क्षण हैं!
ज़रूरत है सिक्के को पलटने की...
और सिक्का पलट कर वही देख पाएगा, जो वास्तव में सुखी होना चाहेगा।

कविता: विडम्बना

उस दौर में कन्या रूप में जन्मी थी मैं,
जब लोग बेटी को कोख में ही मार दिया करते थे...
कहने को शिक्षित और अशिक्षित की बातें थीं,
कुल के दीपक के लालच में, दोनों ही ये कुकर्म किया करते थे।
विडम्बना तो ये थी कि ये कर्म करने वाले सिर्फ पुरुष ही न थे,
बल्कि वो औरत भी होती थी, जो खुद एक स्त्री थी...
जाने क्यों उसे सिर्फ घर का चिराग ही चाहिए होता था?
वो किस लालच में खुद के अस्तित्व को भुला बैठी थी?
मैं खुद को बेहद खुशनसीब मानती हूँ कि उस वक्त में,
मेरे माता-पिता ने वैष्णो देवी जाकर एक कन्या को मन्नत में माँगा था...
कृपा जो हुई माता रानी की तब, शक्ति के आशीर्वाद से,
शिव की भूमि 'काशी' में जन्म मुझे दिया था।
कृपा हूँ शिव-शक्ति की मैं, और नाम मेरा है 'शिवानी',
जिसमें शिव और शक्ति दोनों हैं समाहित।
जन्म के बाद देखा है मैंने उन सभी घटनाओं को, उन अत्याचारों को,
उन दकियानूसी विचारों को, जिनकी दुहाई दे-देकर एक औरत को कष्ट दिया जाता है।
यही उसकी नियति है—ये उसके दिल-दिमाग में इस कदर बैठा दिया जाता है,
कि वो बेचारी कभी इस सच को समझ ही नहीं पाती कि ये सब बस एक मायाजाल है।
लोग उसे अत्याचार सहना सिखाते हैं और वो उसे अपना भाग्य समझ,
घुट-घुट कर जीवन काट देती है।
कर देती है अपना पूरा जीवन समर्पित, हर मोड़ पर त्याग करती है,
अपने सपनों की चिता जलाकर, अपनों के लिए सर्वस्व न्योछावर कर देती है।
पर बदले में उसे केवल कष्ट और अपमान मिलता है—

माँ-बाप इच्छा नहीं समझ पाते, पति को पीड़ा का आभास नहीं होता,
और बच्चे, जिनके लिए वो जीवन वार देती है, वो भी कह देते हैं—
"तुमने किया क्या है?"

तब ये शब्द उसके सीने को छलनी कर जाते हैं।
रास्ते में घूरती उन नज़रों से खुद को बचाती,
वो खुली हवाओं में भी खुलकर साँस तक नहीं ले पाती।

यूँ तो बातें इतनी हैं कि कहने जाऊँ तो जीवन कम पड़ जाए,
इसलिए अब कहना छोड़, उनके लिए कुछ 'कर' जाना है।
अब समझी कि क्यों दिया शिव-शक्ति ने मुझे ये जीवन—
जब जन्म का कारण पता है, तो उसे पूरा कर जाऊँगी,
जो बीत चुका उसे बदल नहीं सकती, पर नया 'इतिहास' रच जाऊँगी!
आज की पीढ़ी में एक नया बीज बोकर दिखाऊँगी,
स्त्री-पुरुष अधूरे हैं एक-दूजे के बिना, ये दोनों को समझाऊँगी।
मैं दौर ऐसा लाऊँगी कि दोनों एक-दूजे का सम्मान करना सीख जाएँगे।
स्त्रियों में इतना आत्मविश्वास भर जाऊँगी कि वो निडरता से कह सकें—
"मैं हूँ समर्पित एक नारी, ना समझो मुझे अब बेचारी,
मुझमें है सहनशक्ति, पर अत्याचार अब ना सहती जाऊँगी।"
उठ खड़ी हुई हूँ अब, तुम्हारे साथ कदम से कदम मिला आगे बढ़ूँगी,
लड़ना नहीं है मुझको किसी से, पर खुद के साथ अन्याय ना होने दूँगी।
जो प्यार और सम्मान दोगे, मैं उसका दुगना तुम पर न्योछावर कर दूँगी,
पर जो छेड़ोगे मेरे 'सम्मान' को, तो अब मैं तुमको नहीं छोड़ूँगी।
मैं सिर्फ लड़कर ही नहीं, 'जीतकर' भी दिखाऊँगी,
पर याद रखना—ये दुनिया चलती है एक 'संतुलन' से,
मत करो इतना कि वो संतुलन ही बिगड़ जाए...
क्योंकि जब पाप होता है, तो 'नाश' होता है,
पर जब घोर पाप होता है, तो 'सर्वनाश' होता है!

कविता:खुद से वफ़ादारी

एक वादा है खुद से—खुद को कभी खोना नहीं है,
वो क्यों नहीं समझता मुझे, ये सोच के रोना नहीं है।
किसी और के खातिर आँसुओं में खुद को भिगोना नहीं है,
उसके दिए तकलीफों के कारण गम में खुद को डुबोना नहीं है।
अब चाहे जो हो जाए, किसी से मोहब्बत हो ना हो मुझे,
पर खुद से मोहब्बत बेशुमार करूँगी...
औरों को प्यार जताने से पहले, खुद से प्यार मैं बार-बार करूँगी।
मैं जो हूँ, जैसी हूँ, मैं 'मैं' हूँ,
और अपने इस होने से वफ़ादारी हर बार करूँगी।
कोई रखे ना रखे मेरा ख्याल,
पर अपनों के साथ खुद का ख्याल भी मैं हर बार रखूँगी।
अपने हर अपनों को मैं 'I Love You' हर बार कहूँगी,
पर उनसे प्यार जताने से पहले, खुद को 'I Love You' हर बार कहूँगी।
मोहब्बत है मुझे मेरे होने से... और डर है मुझे खुद को खोने से।
इस झूठी दुनिया, झूठे वादे, झूठे लोगों के बीच—
प्यार है मुझे मेरी सच्ची नीयत से,
प्यार है मुझे मेरी हर एक बात से,
प्यार है मुझे मेरे टेढ़े-मेढ़े दाँतों से
प्यार है मुझे मेरे बिखरे बालों से,
प्यार है मुझे मेरे गालों से,
प्यार है मुझे मेरी ही बेमतलब की बातों से,
प्यार है मेरी बेवकूफियों से, प्यार है मुझे मेरे होने से...
और डरती हूँ मैं खुद को खोने से।

कविता: समय की धारा और मेरा अक्स

छन-छन बीते समय की धारा...
कोई समय समझ नहीं पाए रे...
कोई दुख में भी मुस्काए रे...
कोई सुख में रोता जाए रे...
पर कोई सुख-दुख के ऊपर उठना नहीं चाहे रे...

चेहरे पर कई पहरे हैं...
अहंकार ने सबको घेरे है...
काहे कोई अपना असली स्वरूप समझना नहीं चाहे रे...
समय बीतता जाए रे...
समय बीतता जाए रे...

दर्पण के सामने खड़ी खुद को देख रही मैं,
पर ये चेहरा कुछ अनजाना सा लगता जाए रे...
दुनिया जिसे 'मैं' कहती है,
वो तो बस यादों का ताना-बाना लगता जाए रे...

दिख रहे हैं चेहरे पर कई पहरे,
अहंकार के घेरे हैं कुछ गहरे।
पर इस दर्पण के पार जो अक्स है मेरा,
वो तो बस 'शिव' का होना चाहे रे...

कोई समय समझ नहीं पाए रे...
समय बीतता जाए रे...
समय बीतता जाए रे...

अध्याय 5: अकेलापन और एकांत

विशेष नोट:

इस अध्याय की कविताएँ उस 'शून्य' की गूँज हैं, जहाँ बाहर की भीड़ तो छँट गई, पर भीतर का शोर और गहरा हो गया। यह वह दौर है जहाँ अतीत की यादें पीड़ा देती थीं और भविष्य का डर विचलित करता था। इन रचनाओं में आपको वह संघर्ष मिलेगा, जहाँ 'अकेलापन' एक बोझ था, लेकिन उसी घने अंधेरे के बीच कहीं 'मौन' की पहली किरण फूटी। यह यात्रा है—भीतर मचे शोर को शांत कर, उस चंद लम्हों के ठहराव में 'एकांत' को खोजने और खुद से पहली बार सुकून से मिलने की।
इन रचनाओं में आपको वह परिवर्तन मिलेगा, जहाँ बाहरी दुनिया के शोर से थककर एक रूह अपने ही भीतर के शांति-धाम में लौट आती है। यहाँ 'अकेलापन' वह अंधेरा नहीं जहाँ डर लगे, बल्कि वह 'एकांत' है जहाँ स्वयं की और 'परम' की उपस्थिति का आभास हो। यह यात्रा है —बाहरी सहारा ढूँढना बंद कर, अपनी ही आत्मा के प्रकाश में तृप्त होने की।

कविता: ज़िंदगी की किताब

ज़िंदगी की किताब ने बहुत कुछ सिखाया,
परायों में अपनों से, और अपनों में परायों से मिलाया।
हर मोड़ पर संघर्ष था और मैं दिखती रही अकेली,
पर अकेली मैं थी नहीं...
क्योंकि मेरा साथ शिव-शक्ति ने निभाया।
अतीत को पीछे छोड़, फिर एक बार खड़े होना सिखाया,
"चल, नई शुरुआत कर"—कहकर हौसला मेरा बढ़ाया।

कविता: ध्रुव-संकल्प

(मैं भीड़ नहीं, नेतृत्व हूँ)

आसमान में चमकता वो तारा नहीं मैं...
धरती पर टिमटिमाता सितारा हूँ मैं।
अकेले आई थी, अकेले ही जाऊँगी...
शून्य से आई, अनंत में मिल जाऊँगी।

अकेला खुद को पाती हूँ...
पर इस अकेलेपन में परमात्मा का अनुभव सदा कर पाती हूँ।
भीड़ से अलग हूँ, इसलिए भीड़ में नहीं बैठती...
जानती हूँ मेरा निर्माण भीड़ में बैठने के लिए नहीं, भीड़ का नेतृत्व करने के लिए हुआ है।

और शिव-शक्ति की कृपा से—
मैंने इस कार्य को पूर्ण करने का अब प्रण लिया है!

कविता: लक्ष्य की ओर (अकेला सफर)

अब संभल-संभल के चलना है,
गिर के खुद ही संभलना है।
अपने बहुत हैं मेरे भी, पर फिर भी—
अपने लक्ष्य की ओर मुझे अकेले आगे बढ़ना है।
प्यार मुझे इन सबसे है,
पर उस प्यार के कारण खुद के सपनों को—
अब और नहीं कुचलना है।
अपने सपनों के कारण सबसे दूर ही क्यों ना हो जाना हो मुझे,
अब सारी कीमत अदा कर के भी—
सपनों को हकीकत में बदलना है।

कविता :अकेलेपन की शक्ति

हूँ अकेले, है पता...
लोग बहुत हैं चाहने वाले,
पर एक ना है जो हाथ थामे,
दे ये मुझको हौसला—
कि हो कोई भी परिस्थिति,
तू चल निडरता से, हम साथ देंगे सदा तेरा।

जब जन्म अकेले हुआ है, मौत अकेले लेकर जाएगी,
तो क्यों करूँ ये आसरा कि जीवन भर कोई साथ दे दे मेरा?

जो दर्द मुझको होता है, उसे सँभाल कर मैंने रखा है,
इस पीड़ा को अपनी ढाल बनाकर अकेले चलना मैंने सीखा है।

जो तकलीफ मुझको होती है, एक पल को मुझको तोड़ तो देती है,
पर उस पीड़ा को अपनी ताकत बनाकर,
मैं इस जीवन में आगे बढ़ती रहती हूँ।

हूँ अकेले, है पता...
और अकेले जीवन-पथ पे आगे बढ़ती हूँ।
हैं बहुत साथ चलने वाले, और साथ मेरे वो भी चलते हैं,
पर साथ कब वो छोड़ देंगे, इस बात से भी मैं डरती हूँ।

इसीलिए अब मैं अकेले ही रहना पसंद करती हूँ...
अकेले चलती हूँ, सबकी सुनती हूँ,
पर शांत मन से सोच-विचार कर के ही,
आगे कोई निर्णय मैं करती हूँ।

हूँ अकेले, है पता, अकेले चलना ही पसंद करती हूँ।

कविता: अहसास (मेरे बाद)

घड़ी तेज़ी से बीत रही, समय का रेत भी फिसल रहा,
मानो कुछ छूट रहा, दिल पूरी तरह से टूट रहा।
अब तो शिकायतें भी नहीं बाकी किसी से,
उम्मीद जो करना छोड़ चुकी मैं।

सभी मेरे अपने हैं, पर मैं किसी की 'अपनी' बनना चाहती नहीं,
सबके साथ तो रहती हूँ, सबकी फ़िक्र भी करती हूँ,
पर कोई साथ मेरे भी हो, ऐसा कुछ नहीं किसी से चाहती हूँ।
अकेले रहना चाहती हूँ, अकेले जीना चाहती हूँ...

सुख सबके साथ बाँटती हूँ,
पर दुख अब किसी से नहीं कहना चाहती हूँ,
सबको खुशियाँ देकर, खुद भी खुश हो जाती हूँ।
किसी के दुख में साथ रह के, उसका मन हल्का कर जाती हूँ...

नहीं मेरी कोई इच्छा है, ना कोई चाहत किसी के साथ होने की,
बस यूँ ही घड़ियाँ बीत जाएँ और बीत जाए ये जीवन।
कर समर्पित इस जीवन को औरों को,
इस जीवन से विदा हो जाना चाहती हूँ।

जिस दिन जाऊँगी इस दुनिया से, सब बोलेंगे—
"थी वो भी एक पागल सी, जो बस देना जानती थी,
नहीं उसे कभी कोई ऐसा मिला, जो उसे मुस्कान की वजह भी दे,
फिर भी बेवजह वो मुस्कुराना जानती थी।"

गम को अपने आँख दिखाकर, उसे जीवन से भगाना जानती थी,
रो लेती थी जब दुख हो, फिर खुद ही खुद को मनाना जानती थी।

और क्या करती भी वो? नहीं था उसके पास कोई,
जो उसे भी कभी मना लेता हो...
कभी उसे भी कोई ऐसा मिला होता, जो उससे थोड़ा प्यार जता देता,
वो पगली लुटा देती अपना सब कुछ उस पर,
अगर उसे वो प्यार मिला होता।

एक सम्मान के सिवा कुछ और ना चाहत उसकी थी,
वो भी उसको ना मिल सका,
इसीलिए सदा अकेले ही वो रहती थी।
अपमान से जीना मंज़ूर ना था जिसको,
अबला - बेचारी नारी बन के नहीं, स्वाभिमान से वो जीती थी।

लोग कहते थे उसे अभिमानी, पर उसे पता था वो थी स्वाभिमानी,
जो ना किसी के साथ गलत करती थी,
ना किसी को खुद के साथ गलत करने देती थी।
बस हँसते, खेलते, मुस्कुराते, प्यार सभी को करती थी,
कोई उसे भी कभी प्यार करेगा, ये उम्मीद किसी से नहीं वो रखती थी।

घड़ी तेज़ी से बीत गई, और वो भी दुनिया से चली गई,
करके अलविदा उन सबको, करके शुक्रिया उन सबका,
जिसने उसको ये सिखलाया—
कि वो प्यार 'करने' के लिए बस बनी हुई,
प्यार 'पाने ' के उम्मीद में समय गवाना सही नहीं।

घड़ी तो तेज़ी से बीत गई, समय का रेत भी फिसल गया,
अब वो दुनिया से चली गई...
तब लोगों को अहसास हुआ, वो क्या थी, वो कैसी थी।

(यह कविता अधूरी रहेगी क्योंकि अहसास मेरे जाने के बाद होगा और
उस वक़्त सुनने के लिए मैं नहीं हूँगी।)

अध्याय 6: क्रांति

विशेष नोट:

यह अध्याय उस 'चिंगारी' का आवाहन है, जिसे अब आत्म-बोध की मशाल बनना है। यहाँ वह मौन टूटता है, जिसे वर्षों से शालीनता मान लिया गया था। ये कविताएँ किसी के विरुद्ध संघर्ष नहीं, बल्कि स्वयं के अस्तित्व और स्वाभिमान की एक गौरवपूर्ण पुकार हैं।

यहाँ नारी का संकल्प 'एकोऽहम् बहुस्यामि' के दिव्य भाव में परिवर्तित होता है—जहाँ एक हृदय की जागृति, अनंत मनों के लिए साहस और प्रकाश का आधार बनना चाहती है। यह यात्रा है—दूसरों पर निर्भरता (परावलम्बन) के भ्रम को त्यागकर, अपनी कमियों को काबिलियत में बदलने की।

ये जांचने की ,की कही स्वाभिमान के नाम पर अहंकार तो नहीं पुष्ट हो रहा और नेति नेति के माध्यम से उन सभी मान्यताओं को हटाने की जिसके कारण स्त्री का शोषण हो सकता हैं फिर चाहे वो शोषण किसी के द्वारा किया जा रहा हो या स्त्री स्वयं अपने मान्यताओं द्वारा अपना शोषण कर रही हो।

यह अध्याय गवाह है उस पल का, जब एक स्त्री अपने भीतर के 'राम और कृष्ण' को जाग्रत कर, मर्यादाओं में रहते हुए भी अपने पंखों को विस्तार देती है। यह क्रांति स्वयं को गढ़ने की है, ताकि आने वाली पीढ़ियाँ हमें केवल एक 'चेहरा' नहीं, बल्कि एक 'प्रेरणा' के रूप में पहचानें।

कविता: मुश्किल राह

राह मुश्किल ज़रूर लग रही है ये,
पर इसपे चलते हम जाएंगे...
अपनों को कुछ वक्त के लिए कर दूर खुद से,
खुद के करीब हम आएंगे।
ज़िंदगी कितनी है यह तो पता नहीं,पर जितनी भी है...
उसमें हर दिन खुद को बेहतर हम बनाएंगे,
खुद को चेतना के ऊंचे से ऊंचे स्तर पर ले जायेंगे।

कविता :मिसाल बन जाऊ मैं

यूँ तो है यह एक छोटी सी कलम...
इससे क्या कमाल कर जाऊँ मैं?
कुछ तो ऐसे शब्द लिखूँ कि,
एक मिसाल बन जाऊँ मैं।

(ये कविता मैने अपने संघर्ष के समय में 2021 में लिखी थी जब मेरा हृदय पीड़ा को पार कर अपने दुख को अलग दृष्टि से देखना शुरू कर रहा था)

(संघर्ष तो आज भी है पर अब मैं और मेरा अपने संघर्ष को देखने का दृष्टिकोण बदल चुका हैं और अब नीचे की कविता मैने 2025 अंतिम माह में लिखी जब मैने इस किताब को लिखने का निश्चय किया है)

डर-डर के अब तक जीती आई,
अब कुछ कर के दिखाना है,
खुद को इस काबिल बनाना है कि,
अब मिसाल बन जाना है...
कि अब मिसाल बन जाना है।
हाँ, मैं हूँ एक आम सी लड़की,
अब खुद को कुछ खास बनाना है,
घर और डर से बाहर निकल,
अब बस अपने सपनों की ओर छलांग लगाना है।
"लोग क्या कहेंगे" से आगे बढ़,
खुद की नज़रों में खुद को उठाना है,
लोग तो कुछ न कुछ कहते रहेंगे,
अब इस चिंता से खुद को मुक्त कराना है।
अब कुछ भी हो, खुद के डर से जीत के,
दुनिया में एक पहचान बनाना है,
कुछ ऐसा कर के दिखाना है कि,
बस मिसाल बन जाना है...
बस मिसाल बन जाना है।

कविता: आवाज़ उठाना होगा

एक चिंगारी निकली है, अब मशाल जलाना होगा,
बरसों बीत चुके सहते-सहते, अब आवाज़ उठाना होगा।

सिर्फ नारी शक्ति की बात ना करना है मुझको,
अब हर एक नारी को उसकी शक्ति का ज्ञान कराना होगा।
बरसों बीत चुके सहते-सहते, अब आवाज़ उठाना होगा।

सबके लिए बहुत त्याग किए हैं,
अब खुद के अधिकारों को पाना होगा,
बस चूल्हे-चौके में मत रह जाना,
वरना सह-सह के एक दिन उसी में झुलस जाना होगा।
बरसों बीत चुके सहते-सहते, अब आवाज़ उठाना होगा।

अब खुद के हुनर को पहचानो,
तुममें क्या खास बात है ये भी तो जानो,
कुछ तो होगा करना तुमको भी, तो अब उसको तुम कर डालो।
अब एक बार फिर से नया दौर लाना होगा...

रूढ़िवादिता और शोषित परंपरा का त्याग कर,
असली धर्म का ज्ञान समझना और समझाना होगा,
नवनिर्माण के लिए नई परंपरा की आवश्यकता है अगर,
तो नई परंपरा भी बनाना होगा।
बरसों बीत चुके सहते-सहते, अब आवाज़ उठाना होगा।

उठो नारी और उचित कर्म करो,
बचपन से जो तुम्हें सिखा-पढ़ा दिया है, उसे सत्य ना मानो।
खुद अब नया संघर्ष करो, असली सत्य को जानो और पहचानो।

जब चारों तरफ दुनिया में तुम्हें अज्ञान का अंधियारा दिखता है,
तो अपने अंदर तुम्हें ज्ञान का दीपक जलाना होगा।
बाहर आवाज़ उठाने से पहले, खुद के भीतर आवाज़ उठाना होगा...
बरसों बीत चुके सहते-सहते, अब आवाज़ उठाना होगा।

जीवन के हर क्षेत्र में खुद को आगे बढ़ाना होगा,
कोई नहीं लड़ेगा तुम्हारे लिए,
राम और कृष्ण को खुद के हृदय में जगाना होगा।
अब चुप्पी तोड़ दुनिया को दिखाना होगा...

अपनी अंदर की आवाज़ को सुन लो तुम,
अपने सपनों को पूरा करने के लिए हिम्मत तुम्हें ही दिखाना होगा।
बरसों बीत चुके सहते-सहते, अब आवाज़ उठाना होगा।

उठो और संघर्ष करो,
खुद भी आगे बढ़ो और खुद के जैसी हर नारी की हिम्मत बनो।
जितना एक पुरुष ने नारी का शोषण किया,
उतना ही एक नारी ने भी दूसरी नारी को सताया है...
एक नारी होकर दूसरी नारी की हिम्मत मत तोड़ो,
अब वक्त है कि एक-दूसरे की ताकत बन नया इतिहास रचना होगा।

कल तक जो नारी शोषित थी, आज वो शोषण भी करती है,
अब उसे भी सही मार्ग प्रशस्त कराना होगा।
ना शोषित होना है, ना शोषण करना है—
यह समझना और समझाना होगा।
बरसों बीत चुके सहते-सहते, अब आवाज़ उठाना होगा।
ना पर्दे में रहना हमारी संस्कृति थी,
ना अंग प्रदर्शन करना हमारी परंपरा है,
हम भारतीय नारी हैं,
अज्ञानतावश जाने क्यों त्यागा हमने साड़ी है?

अब अज्ञान का पर्दा आँखों से हटाना होगा, उचित ज्ञान
प्राप्त कर उस पे चल कर दिखाना होगा।

बरसों बीत चुके सहते-सहते, अब आवाज़ उठाना होगा...
एक चिंगारी निकली है, अब मशाल जलाना होगा।

कविता : शंखनाद

(अब मौन नहीं, क्रांति है)

आवाज़ है उठाना, कुछ करके है अब दिखाना...
जग ये याद रखेगा तुमको, कुछ ऐसा है करते जाना।
होकर शांत नदी में डुबकी भी लगाना,
फिर सैलाब लेकर आना, कुप्रथाओं को बहा ले जाना!
आवाज़ है उठाना, कुछ करके है अब दिखाना...
कोख में न मारी जाएँगी अब बेटियाँ, ऐसा समय है लाना।
आवाज़ है उठाना, कुछ करके है अब दिखाना...
बेटी को है पढ़ाना, दुनिया को है समझाना,
नहीं बेटियों को सिर्फ़ चूल्हे में झोंकते जाना।
अब बढ़ रही हैं बेटियाँ, हाँ पढ़ रही हैं बेटियाँ,
उस नन्ही सी जान पर, माँ तू थोड़ा ज़्यादा ध्यान लगाना।
आस-पास है कोई जो है ज़रा अपना सा,
उसकी गंदी नीयत से बिटिया को है बचाना।
आवाज़ है उठाना, कुछ करके है अब दिखाना...
दुनिया की नज़रों से बचाने के लिए, न उसे घर में ही कैद करते जाना,
उसे सही-गलत की पहचान, तुम बचपन से ही सिखाना।
आवाज़ है उठाना, कुछ करके है अब दिखाना...
अब ऐसा समय है लाना, पीड़ाओं से मुक्त खुद को करते जाना!
बेटी को सहने का पाठ नहीं है पढ़ना
बेटों को संयम में रहना है सिखाना।
आवाज है उठाना ।

कविता:असली विजय

हार-हार के जीतूँगी जब मैं,
असली विजय तभी होगी...
पहली बार में जीत गए जो,
सीख कहाँ जीवन की उन्हें मिली होगी?
गिर-गिर के जो उठते हैं,
जीवन की गहराइयों में वही उतरते हैं।
जो हार न मानें, लक्ष्य पे अपने बढ़ते-आगे चलते हैं,
कोई उनके साथ न हो, फिर भी पूरे ब्रह्मांड की
सारी शक्ति उन्हीं के साथ चलती है।
जीवन के हर मोड़ पे तुम्हें हराने लोग हज़ारों मिलते हैं,
जो हार न मानें, रुकना न जानें, पथ पे आगे बढ़ते हैं...
ये मान लो तुम, ये जान लो तुम,
वही लोग इस विजय पथ पर आगे बढ़ सकते हैं।
उन लोगों से तुम कभी ना लड़ना,
जो तुम्हें नीचा दिखाने के पीछे पड़ते हैं...
उन लोगों से लड़ने बैठे, तो असली विजय कभी नहीं होगी,
उलझ के उन्हीं लोगों में तुम समय खुद का ही नष्ट कर दोगे।
वक़्त की तुम कदर करो, लड़ना ही है तो खुद से लड़ो...
खुद के डर से बाहर निकलो तुम, विजय पथ पे आगे बढ़ो।
गिरना तो तेरा निश्चित है,
गिर के उठने का तू बस निश्चय कर...
गिर के जो तू फिर से उठ खड़ी हुई, वही तेरी असली विजय होगी।
एक बार जो तू खुद से लड़ के जीत गई,
फिर कोई कभी तुझे गिरा ना पाएगा...
धरती पर खड़े हो के भी तू पूरा अंबर नप जाएगी।
हार-हार के जीतूँगी जब मैं...
असली विजय तभी होगी...
असली विजय तभी होगी।

कविता : किस्मत बदलने की बारी

अपनी कहानी अब खुद लिखने की बारी आई है,
अपनों ने तो किस्मत मेरी लिख दी, अब उसे बदलने की बारी आई है।

निकाल के दिल से डर सारे, थोड़ी हिम्मत दिखाने की बारी आई है,
जाने कब से चुप थे, अब कहने की बारी आई है।
कौन क्या सोचेगा, क्या करेगा—
सबकी सुनना बंद करने की बारी आई है,
मुझे क्या सोचना है, क्या करना है—ये जानने की बारी आई है।

खुद की कमियों को दूर कर,
खुद के हुनर को निखारने की बारी आई है,
छोटे घोंसले से निकल, उड़ान भरने की बारी आई है।

एक सपना मैंने देखा है—
इस देश की हर नारी को सम्मान से जीना सिखाने का,
उस सपने को सच करने की बारी आई है।
अब इस जीवन में सिर्फ 'जीना' छोड़कर,
अपने जीवन को 'जीवंत' करने की बारी आई है।

जीवन से जो भी सीखा है, उसे सिखाने की बारी आई है,
खुद को काबिल कर कामयाब होने की बारी भी आई है।
अब सोचना छोड़ के,
सोच-समझ के अपने 'कर्म' को अपना 'धर्म' बना के,
कार्य करने की बारी आई है...

अब कुछ बड़ा करने की बारी आई है,
अपनी कहानी अब खुद लिखने की बारी आई है।

कविता :प्रेरणा स्रोत

फिर एक बार टूटी मैं, फिर से जुड़ भी जाऊँगी,
पर अब अकेले चलना आता है मुझे...
अब किसी की राह तकती ना रह जाऊँगी।

रख हिम्मत और कर खुद पे विश्वास, अब मैं आगे बढ़ती जाऊँगी,
जब तक जीवन है अपने लक्ष्य को पाने की
कोशिश करती मैं जाऊँगी।

मैं कल जो थी, आज हूँ उससे कुछ बेहतर,
और कल और बेहतरीन हो जाऊँगी।
मैं हूँ एक नारी, पर 'अबला-बेचारी' मैं ना कहलाऊँगी,
चंद लोगों ने किया है अपमानित मुझे...
इस पूरे देश से अपना सम्मान मैं करवाऊँगी!
बदला नहीं लेना मुझे किसी से भी,
पर उनकी गलती का अहसास उन्हें एक दिन ज़रूर मैं करवाऊँगी।

जब उन्हें होगी आत्म-ग्लानी और जब पश्चाताप की अग्नि में वो
जलके पवित्र हो जाएँगे,
तब ही तो एक नया बीज उनके मन में पड़ जाएगा,
और तब शुभारंभ होगा एक नए दौर का...
जिसकी नायिका मैं बन जाऊँगी।

तब वो खूबसूरत दौर आएगा कि देश की बेटी ना बदनसीब
कहलाएगी,
ना गलत दिशा में भटकती जाएगी...
उसे खुद खड़ा होना, चलना और सँभलना आ जाएगा,
और मेरा इस दुनिया में काम पूरा हो जाएगा...
फिर मैं सुकून से दुनिया से चली जाऊँगी।

नहीं चाहिए कुछ भी मुझे अब, बस रख हौसला जीवन के
लक्ष्य को पूरा है करना,
जीवन के बहुत से दर्द को जाना है,
इसलिए बस उस दर्द से गुज़रने वाले लोगों के दर्द को मिटाने का
निरंतर प्रयास मैं करती जाऊँगी।
उसमें कितनी सफल हो पाऊंगी ,
अभी तो मैं ये नहीं कह पाऊंगी,

मैं कर्म करती जाऊँगी, और धर्म पे चलती जाऊँगी,
क्योंकि किसी के लिए अच्छा करना ही मेरा कर्म है,
और बस अब यही मेरा एक धर्म है... यही मेरा धर्म है।

और मैं अपने धर्म को निभाने का प्रयास हर रोज़ करती जाऊँगी,
मैं खुद को बदलती जाऊँगी, हर रोज़ निखरती जाऊँगी...
एक रोज़ वो बन जाऊँगी कि देश की बेटियों के लिए प्रेरणा स्रोत
बन जाऊँगी,
प्रेरणा स्रोत बन जाऊँगी ।

कविता : रण चंडी का उद्घोष

(चक्रव्यूह का अंत)

मैं अभिमन्यु नहीं अर्जुन हूँ, मुझे चक्रव्यूह तोड़ना आता है...
रणछोड़ मेरा सारथी है, और रण में मुझे कैसे टिकाना है,
वो मुझे बतलाता है...

जब तेरे अनुचित व्यवहार पर छोड़ा था मैंने तुमको,
तो नादान समझ के माफ़ किया...
नहीं कोई कटुता रखी थी दिल के अंदर,
अपना मन निर्मल साफ़ किया...
सुधरने का मौका मिला था तुमको, पर तुमने सदा गलत राह चुनी...
अब जो तुमको दुर्योधन बनना है,
तो आगे तो महाभारत ही छिड़ना है....

सुई की नोक वाला किस्सा दोहराते हो...
केशव को बंदी बनाते हो...
पहले नारी को तिरस्कृत करते हो...
फिर अपमानित भी करके हँसते हो...
फिर भी उसने तुम्हें माफ़ किया... एक नहीं कई बार किया...
अब खुद को निर्दोष बताते हो,
छल, कपट, षड्यंत्रों का, माया जाल बिछाते हो...

तो रण में उतरी हूँ मैं अब अर्जुन बन,
साथ निभाने अर्जुन का केशव सदा आते हैं...
कर लो अपनी सभी मूर्खता, ले लो तुम भी किसी शकुनि का साथ...
रहो बनकर धृतराष्ट्र... बाँध आँखों पर पट्टी,
अंधा शासन चलाना चाहते हो...

तुम्हारे जीवन में मैं ही कृष्ण, मैं ही अर्जुन और मैं ही पांचाली हूँ...
चीर-हरण तो हो चुका,
अब रण में बन चंडी काली मैं उतरने वाली हूँ...

अध्याय 7: चेतना

विशेष नोट:

यह अध्याय उस 'बोध' का उत्सव है, जो क्रांति की ताप के शांत होने के बाद शेष बचता है। यदि क्रांति ने बेड़ियाँ तोड़ीं, तो 'चेतना' ने उन मुक्त पैरों को सही दिशा में चलना सिखाया है। यहाँ संघर्ष अब किसी बाहरी जगत से नहीं, बल्कि स्वयं के भीतर के अज्ञान और संशयों से है।

इन रचनाओं में आपको वह 'नया जन्म' मिलेगा, जहाँ स्वयं की शक्ति का केवल आभास नहीं, बल्कि साक्षात्कार होता है। यह वह मानसिक स्पष्टता है जहाँ 'परमात्मा' और 'स्वयं' के बीच का अंतर मिटने लगता है जहाँ 'एकोऽहम्' का विचार केवल शब्द नहीं, बल्कि एक अनुभव बन जाता है। यहाँ आप यह जान जाती हैं कि आप केवल एक 'पात्र' नहीं, बल्कि अपने जीवन की संपूर्ण 'कथा' की रचयिता हैं। यह यात्रा है— भीतर के बिखराव को समेटकर, एक अखंड, शांत और जागृत व्यक्तित्व में ढल जाने की।

कविता: नायिका
(प्रेम का परम सत्य,स्वयं का श्रृंगार)

माँ-बाप से प्रेम करूँ, तो निखर जाऊँ मैं...
परमेश्वर से प्रेम करूँ, तो भक्त बन जाऊँ मैं...
प्रेमी से प्रेम करूँ, तो प्रेमिका बन जाऊँ मैं...
पर...
खुद से प्रेम करूँ, तो 'प्रेम' ही बन जाऊँ मैं...
(और प्रेम ही मुक्ति की ओर ले जाता हैं इसलिए)
बंधनों से मुक्त हूँ...
स्वतंत्र मैं स्वाधीन हूँ...
नहीं प्रेम में पड़ी मैं किसी की प्रेमिका...
मैं हूँ अब वो नायिका,
जिसमें है खुद को निखारने की हर अदा...

कविता: चैतन्य चेतना: मैं देह नहीं हूँ

मुझे औरत न कहना,
मेरी पहचान मेरे शरीर का एक अंग नहीं है...
हाँ, देह से दिखती मैं नारी हूँ,
पर कोई अबला-बेचारी मैं नहीं हूँ...
मैं हूँ सृजन का आधार... शक्ति की पहचान...
साहस से भरी सहनशीलता है मुझमें अपार...
शर्म मुझमें उतनी है जिससे समाज में सिर उठा के चल सकूँ,
पर लोक-लाज के नाम पे खुद को घूँघट में कैद करना मेरा व्यक्तित्व नहीं...
मैं कोई ज्ञानी तो नहीं,
पर मेरा हर पल चैतन्य हो व्यतीत करना चाहती हूँ...
मैं मानती नहीं किसी के भी विचार को,
बस जानने का प्रयास करती हूँ हर एक बात को...
मुझे प्रिय है बुद्ध की ये वाणी जिसमें उन्होंने कहा—
'अप्पो दीपो भवः'
और इस ज्ञान ने समझाया मुझे,
भले मेरी देह स्त्री की है, पर मैं चैतन्य मनुष्य हूँ...
हाँ, हूँ मैं इस देह में सीमित...
पर मैं इस असीमित ब्रह्मांड की चेतना का एक पिंड हूँ...
मुझे औरत न कहना...
मैं एक चैतन्य चेतना हूँ...

यह रचना 'औरत' शब्द की उन बेड़ियों को तोड़ती है जो उसे केवल एक शरीर या पर्दे की वस्तु मानती थीं। बुद्ध के 'अप्पो दीपो भवः' के मंत्र को जीते हुए, यहाँ नारी स्वयं को एक सीमित देह नहीं, बल्कि इस असीमित ब्रह्मांड की एक 'जागृत चेतना' घोषित करती है। यह स्वयं को एक 'मनुष्य' के रूप में पहचानने और सत्य को स्वयं के विवेक से जानने का संकल्प है।

कविता: प्रकाश पुंज

खुद को मुझसे बचा लो...
मुझे जो अपने पास रखोगे तो पिघलने लगेगा तुम्हारा 'मैं' तत्व...
तुम खुद की नज़र में गिरते जाओगे...
और दोषी मुझे ठहराओगे।
तुमने मान्यताओं की गहरी काली मोटी चादर ओढ़ रखी है...
और उस चादर के अंदर मूर्तियों के सामने दीपक जला खुद को धार्मिक बताते हो...
और सभी को उसका अर्थ समझाते हो।
मेरा ईश्वर मूर्तियों में कैद नहीं,
मेरे भीतर के शून्य में है,
और तुम्हारी ओढ़ी हुई चादर के बाहर ब्रह्मांड के अनंत में है।
इसीलिए मैं मान्यताओं को मानती नहीं,
अनुभव से जानने और जीने का प्रयास करती हूँ।
मेरी चेतना तुम्हारी काली, मोटी, अंधेरी चादर में कैद नहीं हो पाएगी...
उसे प्रकाश की तलाश है...
वो उसके पीछे ही बढ़ती जाएगी।
धधक रही है मेरे भीतर की शून्यता में एक चिंगारी...
अगर तुमने मुझे बाँधने की कोशिश की,
तो तुम्हारी मान्यताओं की चादर जला,
मैं प्रकाश पुंज बन,
अनंत प्रकाश में विलीन हो जाऊँगी...
अपने अंतरमन की शक्ति को जगा,
शिव में मिल जाऊँगी।

कविता: मन का मायाजाल और अंतर्मन का प्रकाश

मैं मन की नहीं करता,
अंतर्मन की करता हूँ।
मन भटकाता है,
पर अंतर्मन सही राह प्रशस्त करता है।
मन की करना सरल है,
पर अंतर्मन की राह जटिल है।
मन उदास है,
पर अंतर्मन में एक आश है।
मन कठोर होता है,
पर अंतर्मन निर्मलता सिखाता है।
मन मोह को प्रेम कहता है,
अंतर्मन प्रेम का सही अर्थ समझाता है।
मन बस पाना चाहता है,
पर अंतर्मन क्या छोड़ना उचित है,
उसको भी बतलाता है।
मन सब कुछ पा के भी संतुष्ट नहीं है,
पर अंतर्मन को त्याग से जो प्राप्त है, वही पर्याप्त है।
मन इतना बांध देता है हमें विचारों से,
कि दिन के उजाले में भी ,
हमारे भीतर का अंधकार मिट नहीं पाता है।
पर अंतर्मन इतनी स्वतंत्रता देता है कि अंधेरी गुफाओं में ध्यान कर,
साधारण मनुष्य भी ऋषि-मुनि बन जाता हैं।

कविता: शून्य से शिव की ओर

आदि, अंत और अनंत की खोज में अंतर्मन से द्वंद्व कर रही...
मैं मर्यादित देह में रह के मर्यादा को लाँघ रही...

मैं खुद के प्रेम में पड़ी,
खुद को तलाश रही...

मौन में पहुँचने के लिए शोर से खुद को गुज़ार रही...
मैं अनाद (अनाहत) में घिरी,
अनहद-नाद को तलाश रही...

मैं अंतर्मन में अपनी अंतरात्मा को तलाश रही...
मैं आत्मा हूँ, परमात्मा का अंश—इसका कोई चिह्न मुझमें है क्या?
इस खोज में खुद को खो रही...
खुद को खो के मैं खुद को ही पा रही...

मैं जीवित शव थी समझी हूँ,
अब जीवन को समझ शिव में मिलती जा रही...
खुद के अंत को तत्पर, मैं अनंत होती जा रही...

कविता: सहज-समर्पण: भीतर का साक्षात्

घटती हैं घटनाएँ सहज,
जब मैं करती हूँ, तो हार जाती हूँ।
पाने की चाह जब तक मुझमें होती है,
पाया है मैंने कि तब-तब मैंने बहुत कुछ खोया है।

और जब भी पाने की इच्छा त्याग खुद को उसको सौंप दिया,
जो चाहा, उसने वो सब दिया।
अनुभव से कहती हूँ,
उसने मुझे सदा अपने होने का एहसास दिया।

जो भी चाहा था, भले दिया न दिया,
पर उसने हमें हर बार बेहतर किया।
जब भी ढूँढती हूँ उसे खुद से बाहर, वो नहीं मिला...

पर जब आँखें मूँद, रुक के उसे खुद में तलाश किया,
मानो मेरी सच है बिल्कुल ये बात–
वो भीतर मेरे मुझे हर बार मिला।
वो भीतर मुझे मेरे हर बार मिला।

कविता: शिव-सायुज्य: मैं कौन हूँ?

तू कौन है... तू कौन है...
तू कौन है, तू कौन है, कहाँ से तू आई है, बता मुझे...
बता मुझे, बता मुझे, न इतना सता मुझे...
न यूँ सता मुझे, अस्तित्व मेरा दिखा मुझे...
नश्वर सी इस सृष्टि में, मैं शाश्वत हूँ कैसे, समझा मुझे...
समझा मुझे, समझा मुझे, न यूँ भेद छुपा मुझसे...
जब शून्य भी मैं, अनंत भी मैं, तो समय के इस माया जाल में मैं फँसी कैसे, ये बता मुझे...
फँसी कैसे, फँसी कैसे, इस माया जाल की चाल में अटकी कैसे...
इस सृष्टि में अटकी कैसे, अटकी कैसे, जता मुझे...
जता मुझे, जता मुझे, सत्य को तू अब दिखा मुझे...
मैं आत्मा हूँ, परमात्मा हूँ, मैं आदि हूँ, अनंत हूँ,
उस परब्रह्म परमेश्वर का जो मैं अंश हूँ,
तो क्यों इस सत्य से अब तक मैं अनभिज्ञ हूँ....
अनभिज्ञ हूँ, अनभिज्ञ हूँ, तो ज्ञान के प्रकाश तक पहुँचा मुझे...
पहुँचा मुझे, पहुँचा मुझे, मुझे मेरे ही सत्य तक ले जा मुझे....
ले जा मुझे, ले जा मुझे, लोक और परलोक की कामना नहीं मुझे...
मुझे मिलना है मेरे शिव से, उसमें संगम सा तू मिला मुझे...
मिला मुझे, मिला मुझे, शिव में बस तू मिला मुझे...
वही सत्य है, शिव है, सुंदर है, आकर्षक है, आदि है, अंत है...
काल है, महाकाल है, शून्य है, अनंत है...
माया में रह कर भी उससे निर्लिप्त है वो,
प्रेम है, वो प्यास है मेरे हृदय का,
वो प्रकाश है, अब उस प्रकाश तक ले जा मुझे,
ऐ श्वास मेरी! तेरे होने-न-होने पर अब तेरा एक ही लक्ष्य—तू शिव तक पहुँचा मुझे...
मैं कौन हूँ, बता मुझे...

कविता: अद्वैत-बोध: मैं ही शिव हूँ

मैं अद्वैत में द्वैत हूँ, द्वैत में अद्वैत,
माया में मोहित हूँ, मोह ही मेरी माया है...
तुम मुझसे हो और मैं तुममें ही हूँ...

शिव की शक्ति हूँ, शक्ति में छुपा शिव भी...
मैं ही जगत का निर्माता हूँ, मैं उसका निर्माण...
मैं ही अदृश्य में दृश्यमान हूँ,
और मैं ही दृश्यमान में छुपा अदृश्य भी...

जहाँ देखोगे, जहाँ अनुभव करोगे, जहाँ जानोगे, वहीं मैं हूँ...
मैं मानने नहीं, जानने योग्य हूँ...
और मुझे बस योगी बन योग कर पाओगे...

तब तुम मुझे जान जाओगे,
और अपने भ्रम से मुक्त हो ब्रह्मांड के बाहरी और आंतरिक आयाम
से जुड़ जाओगे...
तुम भी शिव बन जाओगे...

कविता: जो बीत गई सो बात गई

जो बीत गई वो बात गई,
कल किसका लौट के आता है?
बीते हुए पलों के कारण,
क्यों तू इस क्षण को व्यर्थ गँवाता है?

ना लौटेगा बीता हुआ वक़्त,
पर उसके कारण तेरा 'आज' भी बीत जाएगा,
जो मुरझा गए हैं फूल, वो फिर से खिल नहीं पाएँगे...
उन मुरझाए फूलों के कारण तुम्हें नई कलियाँ नज़र ना आएंगी।

वक़्त आगे चलता है,
और जो आज है वो कल बन जाएगा,
एक दिन तुम भी नष्ट हो जाओगे,
और मैं भी नष्ट हो जाऊँगी...
जब सब खत्म हो जाएगा,
तब तू किसका शोक मनाएगा?

जी लो जितना जीवन है,
अंत में तू भी राख हो जाएगा
और हम भी राख हो जाएँगे,
जो बीत गई वो बात गई,
कल कभी ना लौट के आएगा...

बस इस क्षण में जीवन है,
ये भी अगले पल ही बीत जाएगा।

कविता: द्वंद्व से मुक्ति
(अंधेरे का अंत)

माना कि सूर्य अस्त हुआ है, रात अंधेरी आई है,
छाया सब ओर घनघोर अंधेरा, उजियारे का कोई अंश नहीं।
जैसे-जैसे वक्त आगे बढ़ रहा, अंधियारा भी गहराया है,
अब तो धीरज छूट रहा, पर फिर भी हिम्मत बाँध रखी है।

क्योंकि ये ज्ञात है मुझे—जब ये अंधियारा अपने चरम पर आएगा,
तभी उसका अंत शुरू हो जाएगा।
भोर की शुरुआत में हल्का सा उजियारा नज़र आएगा,
उस उजियारे से मन में एक नई आश जग जाएगी।

अब धीरे-धीरे बढ़ता उजियारा, मानो नई उम्मीद ले आया है,
हुआ है अंत फिर से अंधियारे का, सूरज के साथ नई सुबह आई है।
ये अंधियारा और उजियारा, मानो दुख-सुख का प्रतिनिधित्व करता है,
दोनों का आना-जाना निश्चित है, जीवन चक्र यूँ ही चलता है।

इसलिए सुख-दुख के मायाजाल से खुद को छुड़ा,
बस कर्म करते जाना है,
जो फँस गए इस मायाजाल में, तो बंधनों से जकड़ जाना है।
जो समझ गए इस बात की गहराई को,
तो बंधन मुक्त हो जाओगे,
और जिस दिन तुम बंधन मुक्त हो जाओगे—
उस दिन 'मुक्ति' का सही अर्थ समझ,
मुक्ति पा जाओगे।

कविता: मृत्यु से पहले जीवन

एक सवाल आज इस दिल में आया—क्या मैं भी एक दिन यूँ ही मर जाऊँगी?
जैसे सब दुनिया छोड़ जाते हैं, मैं भी क्या वैसे ही चली जाऊँगी?

मैं बस यूँ ही नहीं मरना चाहती,
जीवन में अपने कुछ अच्छा करना चाहती हूँ।
प्यार, इश्क, मोहब्बत, शादी, बच्चे, नौकरी, घर का काम, रिश्तेदार,
और झूठी आन-बान और शान...
यूँ ही दिखावा कर के, और कोई भी ख्वाहिश पूरी करने से पहले 'लोग क्या कहेंगे' के डर से,
कुछ ना करके तो वैसे भी मर ही रही हूँ, पर वक्त भाग रहा...
और शायद एक दिन मैं सचमुच भी मर ही जाऊँगी।

उससे पहले कि मौत मुझे मारे,
क्या मैं जीवन में कुछ अच्छा कर भी पाऊँगी?
या लोगों के डर से दिल के ख्वाबों की कब्र दिल में बना के,
जैसे दूसरे अपने जीवन में बस शिकायत और अफसोस कर के मर जाते हैं, वैसे मैं भी मर जाऊँगी?

यह विचार मुझे डराता बहुत है... जीते जी मरने का अहसास कराता बहुत है।

कैसे बताऊँ इन लोगों को जो खुद को जिंदा समझ रहे,
जीवन की संभावनाओं को ना समझ कर,
खुद को जीते जी मुर्दा कर रहे।
हाँ, ये बातें कड़वी हैं पर सच हैं—हम ईश्वर की सबसे खूबसूरत रचना हैं,
पर हम खुद को ना समझ कर जाने किन पचड़ों के पीछे मर रहे हैं।

ईश्वर ने हमें इंसान बनाया था, पर इंसानियत तो हमें है ही नहीं,
तभी तो औरों को दर्द में देख कर भी हम चैन से जी रहे हैं।

मैं वैसी मौत अपने लिए नहीं चाहती,
जैसी ज़्यादातर लोगों को मिलती है...
मैं अपनी मौत भी थोड़ी खास चाहती हूँ,
जीते जी खुद को पूरी तरह से जीना चाहती हूँ।

बारिश की पहली बूँद भी मुझ पर गिरे, तो उस अहसास को पूर्ण जागरूक होकर जीना चाहती हूँ।
जब भी कभी मैं अपने हाथों में किसी फूल को पकड़ूँ, तो उसकी महक से मैं भी पूरी तरह महक जाऊँ।

मैं खुद से इतना प्यार करूँ कि मुझे हर किसी की आँखों में वही प्यार नज़र आए...
मैं अपने प्यार को किसी रिश्ते का मोहताज नहीं बनाना चाहती,
मैं तो बस प्यार करना चाहती हूँ खुलकर...
किसी एक से नहीं, सबसे!

इस धरती से, इस आकाश से, इन पेड़ों से, इन नदियों से, इन हवाओं से, इन फूलों से, इन पत्तों से,
मेरे अपनों से, अपने सपनों से... अपनी ज़िंदगी से बस और बस प्यार करना चाहती हूँ।

जीवन के हर क्षण को जीना चाहती हूँ
और कुछ ऐसा करना चाहती हूँ–

कि जब मैं इस दुनिया से जाऊँ तो सुकून हो,
कि मैंने इस जीवन को व्यर्थ की चीज़ों में पड़कर
व्यर्थ नहीं किया।

मैं चाहती हूँ कि जब मैं इस दुनिया को अलविदा कह जाऊँ,
तो मेरे पीछे रोने वालों की आँखों में आँसू हों
पर मुझ पर गर्व भी हो।

मेरे लिए रोने वाले सिर्फ मेरे 'अपने' ना हों,
और कोई भी मेरे लिए दिखावे में ना रोए...

मौत मेरी ऐसी हो कि मेरे जाने के बाद
सिर्फ 13 दिन लोग मुझे ना याद करें,
जो मेरे साथ जिए, वो मेरे जाने के बाद मेरे 'विचारों' को जिएं।

मैं भले दुनिया छोड़ जाऊँ,
पर मेरे विचार इतने पवित्र और प्रभावी हों,
कि मेरे जाने के बाद भी मैं सदा इस दुनिया में ज़िंदा रहूँ।

(तथास्तु मेरे लिए... महादेव! जब ये विचार मेरे मन तक लाए हो,
तो अब उस काबिल बनने में सहायता भी करना। बस सदा साथ रहना।
जय शिव शम्भू!)

कविता :खुश रहने का हक

दुखी रहने की हैं सौ वजह,
खुश रहने का बस एक ही सही...
तुम दुखी रहना चाहो तो दुखी रहो,
मैं तो बस खुश ही सही।

दुख भी देख बस सोचे मुझे,
मैं कैसे खुश रह सकती हूँ...
वो ना जाने हर दुख मुझे,
एक सीख नई सिखा जाती है,
जीने का मतलब बता जाती है, नई उम्मीद दिला जाती है।

दुख हारेगा, मैं जीतूँगी, खुद पर है विश्वास मुझे...
एक दिन होंगे हर ख्वाब पूरे मेरे भी, जागते हुए देखे जो मैंने हैं,
मुझको है ये विश्वास दुख हारेगा मैं जीतूँगी,
दुखी होके मुझे मरना नहीं, ज़िंदगी तो बहुत ही छोटी है...
खुश रहना आता है मुझे, मैं वजहों की मोहताज नहीं।

दिल से निकली आवाज़ है ये, तुमको जो बतलाना है...
तुम भी खुश रहना सीख लो यार, दुखी तो सारा ज़माना है।

दुख ही तो है ये आएगा ही,
कल जब ये दुख जाएगा, तो एक खुशी भी तो आएगी,
पर सोचो ज़रा ऐ यार मेरे, ये खुशी भी कितने दिन ठहर पाएगी?

ये सोचो और जान भी लो तुम,
कल एक दुख जाएगा तो कोई नया गम आ जाएगा...
पर आज की खुशी अगर चली गई, तो क्या वो फिर कल वापस आ
पाएगी?

जो बीत गया वो बात गई,
वो रात गई, वो साथ गया,
अब उठ कर तू भी खड़ी हो जा,
छोटी-छोटी खुशियों में खुश हो जा।

फूलों को देख खुश हो लो,
बच्चों की हँसी में खुश हो लो,
बारिश की बूंद में खुश हो लो,
चिड़िया की ची-ची में खुश हो लो,
कोयल की कू-कू में खुश हो लो,
मोरों को नाचता देख खुश हो लो,
ये कल-कल करती नदियों से खुश हो लो,
इन झर-झर गिरते झरनों से खुश हो लो,
इन ऊँचे पहाड़ों से गुज़रने वाली ठंडी हवा,
जब तन को छुए तो खुश हो लो।

ज़िंदगी का हर पल जी लो,
कल के दुख को छोड़ आज की खुशियों में खुश हो लो...
आज की मेहनत कल रंग लाएगी,
आज का आलस कल दुख लाएगा,
तू जाग जा ऐ यार मेरे...
मर-मर के तो सब जी रहे,
तू कर-कर के जी ले ये जीवन।

कविता:देह से विदेह तक

ये देह बड़ी जटिल है...
इसके आगे निकलना बड़ा कठिन है...
विकारों से लिप्त, विकृत ये जन्म-जन्मांतर से...
खुद से अनजान मैं देह के मोह जाल में घिरी...
भावनाओं के भंवर में उलझी क्या कभी जान सकूँगी
कौन हूँ मैं, क्या हूँ मैं...
या प्रकृति के बहाव में बह खो दूँगी एक बार फिर खुद को...
और जीवन-मरण के माया जाल में यूँ ही उलझी रहूँगी...
या फिर जाग उठेगी मुझमें मेरी चेतना और निकल पड़ूँगी
चैतन्य सत्य की ओर...

सत्य... क्या है सत्य...
वही जो असत्य नहीं है...
असत्य तो असत्य क्या है, वो सब जिसे हम मानते हैं कि वो
सत्य है पर उसके बारे में कुछ जानते नहीं...
मतलब सत्य को जानने से पहले ये समझना होगा कि असत्य
क्या है...
असत्य वही जिसके मिटते ही सत्य उजागर हो उठता है...

और सत्य वो जो सबके लिए समान है...
सत्य ईश्वर है...
ईश्वर प्रेम है...
प्रेम सुंदर है....
और सुंदर प्रकृति है....
प्रकृति, धरती, आकाश, जल, पहाड़, मनुष्य, जानवर सब
उसका अंग...
सब सत्य है क्योंकि सब में ईश्वर है...
कण-कण में ईश्वर है...

पर प्रकृति अपने मूल को भूल जाती है और उसमें अहंकार जागृत हो जाता है,
और अहंकार में मनुष्य अपने अंदर के ईश्वर से दूर हो भूल जाता है सत्य को...
फिर वो जानता नहीं मानता है,
और अहंकार के वश में मनुष्य जो कुछ भी मानता है वो सब असत्य है...
जिसका अंत होना और जिसमें परिवर्तन होना तय है...
और सत्य न वो परिवर्तित होता है न उसका अंत होता है,
उसका तो बस विस्तार होता है शून्य से अनंत की ओर और अनंत से शून्य की ओर...
पर मैं मेरे अंदर के ईश्वर से मिल पाऊँगी क्या?
जान पाऊँगी खुद को?
क्या विस्तार होगा मुझमें मेरे शिव का...?

विशेष नोट: जड़ता से बोध तक

यह अध्याय केवल शब्दों का संग्रह नहीं, बल्कि एक स्त्री के अंतर्मन का प्रतिबिंब है—जहाँ वह पीड़ा और जड़ता की सीमाओं से गुज़री है। 'नींव' के ठहराव से 'क्रांति' की अग्नि तक, अब 'चेतना' ने उस द्वार को खोला है जहाँ देह के बंधन धुंधले होने लगते हैं।
यहाँ वह यह सत्य स्वीकार करती है कि वह कोई 'पूर्ण' स्त्री नहीं, बल्कि सत्य को जानने की एक निश्छल 'कोशिश' कर रही है। वह अभी मार्ग पर है, स्वयं को गढ़ रही है और हर दिन अपने भीतर के शिव को टटोल रही है। यही 'अधूरापन' उसकी सबसे बड़ी सच्चाई और शक्ति है।
इसी जाग्रति के साथ, अब वह कदम रख रही है 'अपराजिता' के क्षेत्र में। यहाँ से शुरू होता है आत्म-सम्मान और उस अनन्त प्रेम का अध्याय, जो अब कई सांसारिक मोह को चुनौती देगा।

अध्याय : 8 अपराजिता

विशेष नोट:

यह अध्याय उन स्त्रियों के नाम है, जो जीवन के हर मोड़ पर टूटीं, अपमान और पीड़ा की अग्नि से गुज़रीं ,पर उन्होंने कभी बिखरना या रुकना नहीं सीखा। यहाँ संघर्ष का अंत किसी विलाप में नहीं, बल्कि एक भव्य 'पुनर्जन्म' में होता है।

'अपराजिता' केवल शब्द या नाम नहीं, बल्कि चेतना की वह सर्वोच्च अवस्था है जहाँ एक नारी अपने भय, द्वंद्व और थोपी गई सीमाओं की परिधि को लांघ जाती है। यह बोध है कि उसकी असली शक्ति किसी बाहरी सहारे में नहीं, बल्कि स्वयं उसके भीतर के असीमित आकाश में है। यहाँ जीवन के संघर्ष और तिरस्कार उसे तोड़ने नहीं, बल्कि एक अजेय स्वरूप में 'गढ़ने' के लिए आते हैं।

यह यात्रा का वह शिखर है जहाँ एक स्त्री अपने घावों को छुपाती नहीं, बल्कि उन्हें अपनी शक्ति का आभूषण बना लेती है। यहाँ हार का कोई अस्तित्व नहीं है—क्योंकि 'अपराजिता' वही है, जो हर परिस्थिति में सबसे पहले स्वयं को चुनती है, और यह अध्याय गवाह है उस जागृति का, जहाँ नारी अब अबला नहीं, बल्कि अपनी नियति की स्वयं रचयिता बनकर उभरती है।

कविता: काल और महाकाल

मैं जन्म के साथ ले आई मृत्यु भी...
न जन्म से पहले मेरे लिए कोई काल था,
न मृत्यु के बाद मेरे लिए कोई काल होगा।
ये काल चक्र में जो मैं आ फँसी, ये बस मंशा थी महाकाल की...
मुझे अस्तित्व से मिलाने की,
खुद का परिचय कराने की।
कलि के काल में महाकाल के चरणों में जो शीश झुकाएगा,
वही काल चक्र को भेद स्वयं का जीवंत रूप पहचान पाएगा।

कविता:वक्त आएगा

वक्त आएगा
वक्त तो आएगा,
अच्छे से पहले बुरा वक्त आएगा,
वह डराएगा, रुलाएगा, सताएगा मगर धीरे-धीरे तुम्हें इतना
मजबूत बना जाएगा कि तुम खुद उस बुरे वक्त से लड अपना
अच्छा वक्त ले आओगे।

हो सकता है आज कोई तुम्हें समझ ना पाए ,
अपने भी ना हो साथ तुम्हारे ,
पर याद रखना सब एक दिन लौट के जरूर आएंगे ,
जब तू अपने जीत का परचम लहराएगा ...

खुद को अकेले पा के अकेला मत समझ...
क्योंकि जो साथ है तेरे
वह भले तेरे नजरों को घूमने से तेरे साथ ना दिखे ,
पर वह कन-कन में है
और वह तुझ तक हर वह सहायता पहुंचाएगा ,
जो तेरे विश्वास को हर दिन और पक्का करता जाएगा ।

और एक दिन तुझे तेरी मंजिल तक लेकर जाएगा ,
बस धैर्य रख और याद रख
जिसका हाथ थामा है तूने उसे बस दिल के पास रख ।

हर क्षण हर पल उसी पर विश्वास रख
वह तेरा वक्त जरूर लेकर आएगा।

कविता: पुनर्जन्म
(भोलनाथ की गोद में)

आज दिल से मुस्कुराई हूँ,
खुल के जी पाई हूँ...
अपने जीवन की डोर शिव को दे आई हूँ।
मेरा सुकून भी तू है,
मेरा जुनून भी तू है...
इस भोली-सी लड़की का पिता, भोलेनाथ जो तू है!
अब सब कुछ कर जाऊँगी,
मरना था—मर गई...
तूने जीवन दोबारा दिया है,
तो अब अपना सर्वश्रेष्ठ जी कर दिखाऊँगी।
ॐ नमः शिवाय!

कविता:- जीवंत नारी

ऐ नारी तुम जिंदा हो , तुम में जीवन भरने मैं आई हूं।
तुम्हारी दबी हुई आवाज की आवाज बनने मैं आई हूं ,
अब बहुत हुआ सबसे प्यार करना ,
मैं तुम्हें खुद से प्यार करना सिखाने आई हूं ,
इस नीरस जीवन में मैं आशा के दीप जलाने आई हूं ,
दिवाली पर करती तुम पूरे घर को रोशन,
मैं तुम्हारे अंतर मन को रोशन करने आई हूं ,
मत मारो मन को इतना कि मरना भी जीने से अच्छा लगे ,
उठो और संघर्ष करो जो आता है उसी में खुद को बेहतर करो,
किसी पर निर्भर मत रहो,
तुम खुद को आत्मनिर्भर करने का दृढ़ निश्चय करो ,
अभी तुम जिंदा हो खुद को जीवंत करने के पथ पर आगे बढ़ो।

कविता : नारी

(आत्म-बल का उद्घोष)

मैं नारी हूँ,
न हारी हूँ, न बेचारी हूँ,
हिम्मत की मैं पिटारी हूँ,
मैं नारी हूँ।

अबला नहीं, सबला बनूँगी,
खुद भी आगे बढ़ूँगी,
औरों के संघर्ष की भी प्रेरणा बनूँगी,
मैं नारी हूँ, शिव की शक्ति के जैसे चमकूँगी।
किसी पुरुष की नीचता भरी सोच की शिकार मैं न बनूँगी,
अभिमान न करूँगी, पर स्वाभिमान से समझौता भी न करूँगी।
मैंने आराम को त्याग संघर्ष को चुना है,
जी-तोड़ मेहनत कर आगे बढ़ूँगी।
न किसी के साथ गलत किया है,
न किसी को खुद के साथ गलत करने का अधिकार दूँगी।
जब तक साँसें हैं, तब तक कोशिश करूँगी,
क्योंकि मैं नारी हूँ...

शारीरिक शक्ति पुरुषों से कम हो सकती है मुझमें,
पर आत्म-बल मुझमें बड़ी है।
मैं नारी हूँ, खुद भी आगे बढ़ूँगी,
अन्य नारी को भी हिम्मत से भरूँगी।
नहीं अफ़सोस मुझे मेरे अस्तित्व का,
मैं गौरवान्वित हूँ कि मैं नारी हूँ।

कविता: अमृत-संकल्प
(शक्ति-मंत्र)

मौन में मृदंग है, तो बस उस मृदंग को सुन,
तू चलता चल साहस से...
ये ही तेरी स्थिरता, ये ही तेरी शक्ति है।

तेरी एक-एक साँस में वो शक्ति है,
जो तेरा ब्रह्मांड बनाएगी...
भरोसा रख खुद पर, तू विश्व-विजेता कहलाएगी।

कुछ नहीं भूली है तू, न कुछ भूल पाएगी,
कई जन्मों से हो रहे शोषण को,
तू एक दिन बदल के दिखाएगी...
तू नारी है, तेरी शक्ति प्रबल बड़ी,
निर्भय हो जुट जा...

जो होगा वो अच्छा-बुरा नहीं, महाभारत सा होगा,
पर तू अर्जुन सी निखर जाएगी...
अपने लक्ष्य को साध, गांडीव उठा,
भयभीत न हो, कृष्ण हैं साथ तेरे...
तू परम-सत्य को देख पाएगी, उसमें मिल भी जाएगी,

तेरी अंतिम इच्छा अवश्य पूर्ण हो जाएगी...
बस तू खुद की खोज में निकल,
एक-एक पग दृढ़ता से रख...
तू अमर हो जाएगी, सदैव याद रखी जाएगी,
सदैव याद रखी जाएगी...

कविता: अमर कर्म

अस्तित्व मेरा कुछ और है,
चरित्र मेरा व्यवहार है।

पंचतत्व से बना ये शरीर,
तो बस एक वस्त्र के समान है।

मिट्टी से बनी इस देह का क्या ही मोह करना,
इसको तो एक दिन मिट्टी में ही मिल जाना है।
ना कुछ लेकर आई थी,
न कुछ लेकर जाऊँगी,
पर कर्म ऐसा कर जाऊँगी
कि सदा के लिए याद की जाऊँगी।

अमरता का अर्थ ये नहीं कि देह के साथ सदा रहो,
और निरर्थक कर्म करो।

अमरता का अर्थ ये है कि भले अल्पायु रहो,
पर ऐसा कर्म करो कि मृत्यु के बाद भी ,
सबके दिलों में तुम जीवित रहो।

कविता: मैं शक्ति हूँ

(सृष्टि का आधार)

मैं सौम्य हूँ... मैं शील भी...
मैं कोमल हूँ, हूँ मैं कठोर भी।
मैं प्रेम हूँ, मैं ही प्रकोप भी,
मैं करुणा हूँ, है मुझमें क्रोध भी।
मैं ममता हूँ, है मुझमें क्षमता भी,
मैं सौभाग्य हूँ, हूँ मैं दुर्भाग्य भी।
मैं आधार हूँ गृहस्थी की—ऐ स्त्री को अपमानित करने वालों,
जो त्याग दूँ मैं तुम्हारे गृह को, तो मिट जाएगी तुम्हारी हस्ती भी!
क्योंकि मैं ही शक्ति, मैं ही लक्ष्मी, मैं ही विद्या हूँ,
मैं प्रकृति हूँ जो इस 'जड़' पुरुष में ऊर्जा फूँकती हूँ।
जिससे तुम गतिमान हो, ये सृष्टि गतिमान है,
काल गतिमान है और उसका चक्र गतिमान है।
शिव 'काल' हैं तो मैं 'काली' हूँ,
शिव 'रुद्र' हैं तो मैं 'रुद्राणी' हूँ।
शिव 'शिव' तभी हैं जब शक्ति उनके साथ है,
अन्यथा वो भी समाधि में लीन शव के समान हैं!
अपने नेत्रों से हटा के देखो अहंकार की पट्टी,
मैं उस चैतन्य चेतना को साकार रूप देने वाली ऊर्जा हूँ।
उस निराकार ब्रह्म के साकार होने का—
एकमात्र माध्यम मैं ही हूँ!
मैं आदि, अंत और अनंत शून्य की जाग्रति हूँ।
याद रहे—जब तक स्त्री प्रेम में है,
बस तब तक तुम हो, तब तक ये सृष्टि है।
हद में रहो अपनी! कहीं तुम्हारे पाप का घड़ा इतना भर गया—
कि हर स्त्री पुरुष को त्याग देगी, तो सोचो क्या होगा तुम्हारा?
तुम्हारी दकियानूसी सोच-विचार का , तुम्हारे अंश और वंश का,
क्या होगा सबका !
सबका होगा बस विध्वंस!

कविता: कुरुक्षेत्र
(अब मैं गांडीव उठाऊँगी)

उठो अर्जुन! गांडीव उठाओ,
अपनों को देख ना यूँ कँप जाओ।
कृष्ण खड़े हैं संग तुम्हारे,
निर्भय होकर तुम भिड़ जाओ।

असत्य समझ रहा खुद को बड़ा बलवान,
सत्य की शक्ति से है वो मूर्ख अनजान।
स्त्री को समझते हैं जो कमज़ोर,
अब उन्हें स्त्री-शक्ति का अनुभव कराना है अनिवार्य।

शुरुआत स्त्री को प्रताड़ित करने से हुई थी,
अंत इस प्रताड़ना का अब स्त्री ही करेगी।
बहुत सह लिया अब तक, अब सहने का वक़्त नहीं,
जीवन भी कुरुक्षेत्र है, लड़ने का यही वक़्त सही।

अब मैं भी युद्ध करके रहूँगी,
अर्जुन की भांति कृष्ण के संग चलूँगी।
प्रेम के मायाजाल में फँसा,
अथाह पीड़ा जिस-जिस ने है पहुँचाई,
उस मायाजाल को तोड़ अब मैं निकल जाऊँगी।

अब माफ़ी का वक़्त नहीं!
बहुत मौके देती है स्त्री सुधरने को,
पर इनको उन मौकों की कदर नहीं।
मिलनी चाहिए उन लोगों को सज़ा,
करते जो स्त्री का सामना नहीं—
फिर वो कोई पुरुष हो या खुद कोई स्त्री!

स्त्री के सम्मान, उसके स्वाभिमान को ठेस पहुँचाने का
किसी को अधिकार नहीं,
माफ़ी के ये हकदार नहीं...
बात समझ में ये अब जो आई है,
तो अब मैं भी अपना कर्तव्य निभाऊँगी।

जो आज चुप रह गई मैं भी,
तो करूँगी गलत उन सबके साथ,
जो कभी कुछ कर ना पाई हैं।
जो अपने भय से ना लड़ पाई मैं,
तो स्वाभिमान से ना जी पाऊँगी,
जब जन्म ही हुआ है स्त्री को
उसके सम्मान का अहसास कराने को,
तो मैं अपना कर्म निभाऊँगी।

जब स्त्री को सम्मान दिलाने आई हूँ,
तो उसे उसका अधिकार दिला के ही जाऊँगी।
उठो अर्जुन! गांडीव उठाओ, और अपनों को भी मार गिराओ,
अधर्म करने वालों का नाश कर जाओ,
धरती को फिर से स्वच्छ बनाओ।

अब जो अपने असली धर्म को समझ मैं पाई हूँ,
तो अपना कर्म निभाऊँगी,
कृष्ण खड़े हैं संग मेरे,
तो मैं भी गांडीव उठाऊँगी।
अपना असली कर्तव्य निभाऊँगी,
अपना असली कर्तव्य निभाऊँगी...

हे कृष्णा ये भाव दिया तो शक्ति और समझ भी देना...

कविता: धैर्य का बांध

स्त्री का मान कुचला है जिसने, अब उसका अभिमान कुचला जाएगा,
कमज़ोर समझा है जिस-जिस ने उसको,
अब उसे 'स्त्री-शक्ति' का दर्शन कराया जाएगा।
रोई हैं कई वर्षों से जितना बेटियाँ, अब हक के लिए लड़कर दिखाएंगी,
ये पिंजरे में कैद चिरैया, अब पिंजरा तोड़ आकाश में उड़ जाएगी।

जीवन के हर क्षेत्र में खुद को काबिल बनाएंगी,
'बेचारी अबला' और 'त्याग की मूरत' का ठप्पा अब इन्हें नहीं चाहिए।
वो भी इंसान हैं,
उन्हें 'सामान' समझने वालों को इंसानियत सिखाएंगी बेटियाँ।
प्रेम के समर्पण में कब तक एकतरफा दायित्व निभाएंगी?
वक़्त बदलाव का है, दुनिया के साथ अब खुद को बदल दिखाएंगी।
प्रेम में समर्पण आवश्यक है, पर ये बोझ अकेले नहीं उठाएंगी,
सिर्फ स्त्री ही क्यों मर्यादा में रहे? अब पुरुषों को संयम सिखाएंगी
बेटियाँ।

ये धरती, ये प्रकृति, दोनों के सामंजस्य से चलती है,
तो फिर क्यों अकेले ही परिवार का बोझ उठाएंगी बेटियाँ?
अब बदलाव ज़रूरी है—या तो बराबर का हक और साथ हो,
वरना 'पुरुष प्रधान' का राग गाने वालों को छोड़ जाएँगी ये बेटियाँ।

सुना है मैंने, घर स्त्री के त्याग से चलता है, सिर्फ पुरुष की कमाई से
नहीं,तो सुन लो! कद्र करो स्त्री के त्याग और समर्पण की!

वरना वो दिन दूर नहीं, जब धैर्य का बाँध टूट जाएगा,
और अपने आत्म-सम्मान की रक्षा के लिए,
अपनी आने वाली पीढ़ी के लिए—तुम्हें ही त्याग जाएँगी ये बेटियाँ।
हर हर महादेव!

कविता: नई आज़ादी की कहानी

रख हौसला बुलंद तू, तुझे लिखना इतिहास है,
रख खुद पर विश्वास तू, तुझे करना अभी बहुत कार्य है।
लक्ष्य का पता है, पर मंज़िल अभी दूर है,
बस रास्ते पर एक-एक कदम चलती जा तू,
दूरी अपनी, अपनी मंज़िल से कम करती जा तू।
जल्द आएगा वो दिन भी, जब तू अपनी मंज़िल पर पहुँच जाएगी,
तब एक नया इतिहास रचा जाएगा,
स्वर्णिम अक्षरों से उसमें एक और नाम लिखा जाएगा।
बदल जाएगी महिलाओं की स्थिति, और आएगी ऐसी परिस्थिति—
कि टूटेंगी बहुत सी वो धारणाएँ,
जो ज़ंजीरों सी लोगों की बुद्धि को हर कर बैठी हैं।
स्त्री-पुरुष में भेद करने का भाव समाप्त हो जाएगा,
समाधान होगा, साथ होगा, हर मन में ये विश्वास होगा।
जब इस देश की हर नारी को उसकी शक्ति का अहसास होगा,
जब नारी 'सहना' छोड़ 'कहना' सीख जाएगी,
डरना छोड़, डट कर समस्या का सामना करने लग जाएगी...
तब शुरू होगी एक नई आज़ादी की कहानी!
देश तो कब का आज़ाद हो गया,
जब हम अपनी 'दोहरी धारणा' से आज़ाद हो जाएँगे—
तब नारी भी आज़ाद हो जाएगी,
तब नारी भी आज़ाद हो जाएगी।

नोट:- ये मेरा सपना है पर इसके लिए हर किसी को प्रयास करना होगा
ये गुलामी मानसिकता की है और आजादी विचारों से होगी,
तभी विकारों से होगी।

कविता: संस्कारी बनो, बेचारी नहीं

ढूँढ रही हूँ अस्तित्व उसका, जो एक नई जान को अस्तित्व में लाती है,
क्यों एक नारी की पहचान
सिर्फ उसके साथ जुड़े रिश्तों से की जाती है?
क्यों त्याग की उम्मीद सिर्फ नारी से ही की जाती है?
उसे करना चाहिए सम्मान सबका, वरना वो 'असंस्कारी' कहलाती है।
जो देती सबको सम्मान, क्यों बार-बार वही अपमानित की जाती है?
मर्यादा को उसके ही कुचला जाता
और दोषी भी वही क्यों कहलाती है?
क्यों हम सबको नहीं सिखाते मर्यादा का पाठ?
संयम खुद पे पुरुष भी रखे—यह पाठ उन्हें क्यों नहीं कोई पढ़ाता है?
गलत मर्द करके जाता है उसके साथ,
और बदनाम औरत क्यों हो जाती है?
मर्यादा में रहो—ये सीख नारी को ही क्यों बस बचपन से दी जाती है?
क्यों बेटों को संयम में रहने की सीख नहीं दी जाती है?
"मत करना किसी नारी की मर्यादा को भंग"—
क्यों बेटों को ये सिखाने के बजाय,
उन्हें कुछ भी करने की छूट बचपन से दे दी जाती है?
बचपन से ही नारी को बस सहना ही सिखाते हैं,
उसके उड़ान भरने के सपने को कुचल, बेटे का भविष्य बनाते हैं।
"पापा मैं भी पढ़ना-लिखना चाहती हूँ, मैं भैया से ज़्यादा काबिल हूँ।"
"तू चुप कर, तू नादान है,
तुझे तो दूसरों के घर जाकर करना बस काम है...
क्या करेगी तू पढ़-लिखकर? भाई तेरा घर की आन, बान और शान है,
उसे ही बस पढ़ने-लिखने का अधिकार है।
तुझे तो बस घर चलाना है, उसे बाहर जाकर पैसा भी कमाना है,
और हमारे बुढ़ापे में उसे ही तो हमारा सहारा बन जाना है।"

पापा को तो छोड़ दो, माँ भी यही सीख सिखाती है,
"कुछ भी हो तू सहना बेटी, अच्छा यही होगा कि चुप रहना बेटी।"
वो भी क्या करे? उसने जो देखा है जीवन में,
उसी को वो सच मानती है,
उसे उसकी माँ ने भी तो चुप रहना ही था सिखाया,
इसीलिए वो भी सारे अपमान और तिरस्कार को चुपचाप सह जाती है।

वो भी अंदर से सब समझती है, पर वो 'संस्कारी' है, इसीलिए नहीं किसी से कुछ वो कह पाती है।
संस्कार के नाम का चोला क्यों नारी पर ही चिपकाया जाता है?
क्यों सद्गुण बेटों को नहीं सिखाया जाता है?
अरे! संस्कार उसके अच्छे भी हों,
फिर भी उसके संस्कार पर हर बार सवाल उठाया जाता है।

ज़रा सा घूँघट ऊपर है तो नारी असंस्कारी कहलाती है,
अगर वो अपने साथ गलत होने पर कुछ बोले,
तो वो बड़ों का सम्मान नहीं करती है।
अरे वो संस्कारी भी है, उसे सम्मान करना भी आता है,
पर किसी को यह क्यों समझ नहीं आता कि यह बात बेटी के साथ बेटों को भी सिखाया जाता है?

जब नारी को अपमानित किया जाता है,
तो वो किस 'संस्कार' के अंतर्गत आता है?
जिस देश में नारी को पूजा जाता है,
उसी देश में नारी को लूटा जाता है।
कभी उसे बातों द्वारा अपमानित करते,
तो कभी उसके अधिकारों को उसे नहीं देते,
तो कभी उसकी इज्ज़त ही लूट लेते...
और यह सब कर के भी चैन ना पड़ता,
उसे ही दोषी का आरोप लगा के मरने के लिए छोड़ देते हैं।

अरे! बंद करो यह भेदभाव और अब तो जागो मेरी माओं!
तुम्हारी माँ भी कल चुप रही, उसकी माँ भी सब सहती रही,
यही कारण है अब तुम्हारी बेटी को भी सब सहना होगा...
अरे! बदल दो अब अपनी सोच, संस्कारी बनो, बेचारी नहीं!

सम्मान दो सभी को,
पर खुद को अपमानित करने का हक मत देना किसी को।
गलत वो है जो गलत करता है, पर तुम भी कोई सही नहीं हो,
क्योंकि तुम हर रोज़ गलत को सहती हो।

बस ईश्वर के आगे अपने दुखों का रोना लेकर मत बैठो,
सबके लिए बहुत करती हो, अब खुद के लिए भी कुछ कर लो।
वरना तुम भी एक दिन मर जाओगी, धरती से गुम हो जाओगी,
जीवन अपनों के लिए त्याग कर भी, किसी की बेटी, पत्नी और माँ
बनकर ही रह जाओगी।

तुम एक नई जान को अस्तित्व में लाने वाली, अपनी पहचान भी
नहीं बना पाओगी...
अरे! एक दिन मिट जाओगी, मर जाओगी,
और फिर बड़ा ही पछताओगी, बड़ा ही पछताओगी।

कविता : मेरा दौर आएगा

वक़्त भारी है, पर हिम्मत नहीं हारी है...
कर लिया तूने जो तुझे करना था,
अब मेरी गिर के उठने की बारी है।

अब तक वक़्त तुम्हारा था,
अब मेरा वक़्त मैं लाऊँगी,
तुम्हारा तो बस वक़्त आया था,
मैं अपना 'दौर' लाऊँगी।

सोच तुम्हारी ओछी थी,
इसीलिए तुमने नारी का अपमान किया,
सोच मेरी बड़ी ऊँची है,
मैं उसे पूरी दुनिया में सम्मान दिलाऊँगी।

तुमने मुझे चंद लोगों के बीच में अपमानित किया,
मैं पूरी दुनिया से अपना सम्मान करवाऊँगी।
तुमने नारी को कमज़ोर समझा,
मैं तुम्हें 'नारी शक्ति' का अहसास एक दिन ज़रूर दिलाऊँगी।

तुम्हारे अपमान का कर्ज़ मैं कुछ यूँ चुका जाऊँगी,
कि एक दिन मैं 'नारी शक्ति सम्मान' पा पूरी दुनिया में छा जाऊँगी।
पूरी दुनिया में देश की 'लायक बिटिया' कहलाऊँगी।

जब मैं ये सम्मान पाऊँगी,
तो मेरी आँखों से निकलने वाला वो एक बूँद आँसू
बाहर आ तुम्हें 'शुक्रिया' कह जाएगा...
क्योंकि तब जो मैं बन जाऊँगी, तुम्हारी आज की नादानी
और मेरे संघर्ष की कहानी का पुरस्कार होगा।

और जब मैं अपने सभी कर्तव्यों को पूर्ण कर
इस दुनिया से विदा हो जाऊँगी,
तब मेरे पीछे चंद लोग नहीं,
एक पूरा काफिला मुझे विदा करने मेरी आखिरी यात्रा में
आएगा...
और मुझे वो सम्मान मिल जाएगा,
जो मुझे हमेशा के लिए अमर कर जाएगा।
अमर कर जाएगा....

कविता: ईश्वर की दृष्टि

अत्यधिक प्रेम नहीं, उच्च प्रेम किया है,
विवाद नहीं, संवाद किया है।

लोकधर्म नहीं, सही कर्म का चुनाव किया है,
हाँ, मैंने सुख-सुविधाओं को त्याग संघर्ष का चुनाव किया है।

हो सकती हूँ मैं लोक-धर्मियों की दृष्टि में गलत,
पर मैं मेरे ईश्वर की दृष्टि में सही रहूँ,
हरदम यही प्रयास किया है।

एक व्यक्तिगत विचार:

मुझे नहीं पता महादेव एक छोटे से शहर के, छोटे से मोहल्ले के, एक छोटे से घर के एक छोटे से कमरे में बंद ये विचार और भाव कहाँ-कहाँ से मेरे मन में भेजते हैं। मुझे अक्सर लगता है कि ये बस भाव और विचार नहीं हैं, बल्कि वह कार्य है जिसे करने का माध्यम महादेव शायद मुझे बना रहे हैं।

मैं मानती हूँ कि यह किताब दूसरों से पहले शायद मेरे लिए लिखी जा रही है, ताकि मैं अपनी विकृत मानसिकता से बाहर आ सकूँ और उन सभी की सहायता कर सकूँ जो इस शोषण का शिकार हुई हैं। मैं अब तक इतना समझ चुकी हूँ कि हमारी लड़ाई किसी व्यक्ति विशेष से नहीं, बल्कि खुद से है। 'शोषित होने की प्रवृत्ति' शायद हमारे खून में घुल गई है। इस शोषण से खुद को बाहर निकालने के लिए निरंतर संघर्ष कर रही। अगर बाहर की परिस्थिति बदलनी है, तो पहले खुद को भीतर से बदलना होगा।

अतीत से सीखकर वर्तमान की पीढ़ी को ऐसे शिक्षित करना होगा कि भविष्य आज से बिल्कुल अलग हो। एक सुनहरे कल के लिए आज को जागृति से जीना होगा। कर्म तो हमें ही करना होगा, वरना यह शोषण कभी कम नहीं होगा।
इस किताब में लिखी बाते कुछ मेरे अतीत का हिस्सा है जो मैने अपने अनुभव में जिया है तो कुछ बाते भविष्य की है जहां तक शायद महादेव मुझे ले जाना चाहते है ।

क्यों कि वर्तमान में मै जहां बैठ कर इस किताब को लिख रही मै वो तो बिल्कुल नहीं रही जो अतीत में थी पर अभी वहां भी नहीं पहुंची जिस भविष्य की बाते इसमें है इसी लिए मै मानती हूं कि ईश्वर ही मुझमें ये भाव प्रकट कर रहे मुझे नहीं पता मै कहा तक की यात्रा तय कर पाऊंगी पर शुरुआत तो इस किताब के माध्यम से मैने कर दी हैं।

अध्याय :9 अनुराग (प्रेम)

विशेष नोट:

यह अध्याय 'अनुराग' की उस पराकाष्ठा का चित्रण है जहाँ 'स्त्री' और 'पुरुष' के बीच भेद हो कर भी दोनों में अपनी - अपनी खासियत है, एक दूसरे से भिन्न होना उनकी कमजोरी नहीं बल्कि ताकत है।और जब दोनों इस भिन्नता को स्वीकार कर एक दूसरे को खुद को समर्पित कर प्रेम प्रकट करते है तब उनमें 'अर्धनारीश्वर' का स्वरूप जागृत होता है।

यह समझना अनिवार्य है कि शक्ति के बिना शिव 'शव' के समान हैं, और शिव के बिना शक्ति का कोई आधार नहीं। सृष्टि की यह सुंदर रचना 'आधे-आधे' की नहीं, बल्कि खुद में पूर्ण हों कर एक-दूसरे में सम्पूर्ण होने की है।

स्त्री हो पुरुष हो या हो किन्नर हम सब मनुष्य हैं और हममें बस मनुष्यता होनी चाहिए। और ये तब ही संभव है जब हम देह भाव से आगे बढ़ेंगे।

मेरी यात्रा भले ही स्त्री की पीड़ा और उस दबे हुए आक्रोश से शुरू हुई थी, लेकिन 'निखरने' के इस पड़ाव पर वह क्रोध अब करुणा में बदल गया है। आज मैं देख पा रही हूँ कि शोषण करने वाला पुरुष भी उसी अज्ञानता का शिकार है, जो उसे सदियों से विरासत में मिली है। उन्हें कभी यह सिखाया ही नहीं गया कि स्त्री और पुरुष प्रतिस्पर्धी (Competitors) नहीं, बल्कि एक ही सत्ता के दो अभिन्न अंग हैं।
जब तक पुरुष के भीतर की 'स्त्री' (कोमलता, करुणा) और स्त्री के भीतर का 'पुरुष' (साहस, दृढ़ता) जागृत नहीं होता, तब तक हम 'अर्धनारीश्वर' को नहीं समझ सकते। यह अध्याय उस जागरूकता का आह्वान है, जहाँ हम एक-दूसरे को नीचा दिखाने के बजाय, एक-दूसरे का सम्मान करना सीखें।

'एकोऽहं बहुस्याम' का अर्थ ही यही है—उस एक परमेश्वर ने स्वयं को शिव और शक्ति में इसलिए बाँटा ताकि वे पुनः प्रेम के माध्यम से एक हो सकें।

यहाँ राम का आराम, कृष्ण की पुकार और शिव का शून्य तब तक अधूरा है, जब तक उनमें शक्ति की चेतना न मिल जाए।
यहाँ पहुँचकर हम केवल शिव से मिलते नहीं, बल्कि शक्ति के साथ एकाकार होकर 'अर्धनारीश्वर' हो जाते हैं।

कविता: सीरत बनाम सूरत

आजकल प्रेम तो लोगों को सूरत देख कर ही हो जाता है,
हृदय की गहराइयों में भला कौन उतर पाता है?

अब तो प्यास फ्रिज के पानी से बुझ जाता है,
घड़े के पानी को अब कौन चखना चाहता है?

प्रेम करना हो तो 'सीरत' से करो,
सूरत तो समय के साथ नष्ट हो जाता है...
जो सोंधेपन का अहसास घड़े के पानी में है,
वो अहसास फ्रिज के पानी में कहाँ मिल पाता है?

कविता: सीरत से मोहब्बत

सूरत की तारीफ तो सबने की,
क्या किसी ने कभी सीरत भी देखी होगी?

सूरत को तो सबने दिल में उतारा,
क्या कभी सीरत से भी किसी के दिल में मैं पहुँची हूँगी?

मुझे पाने की चाहत तो सबमें थी,
क्या किसी ने मुझे अपनाने की चाहत रखी होगी?

मेरे लिए चाँद-तारे तो सब तोड़ लाना चाहते थे,
क्या किसी ने चाँद-तारों के नीचे लेटे,
मुझसे ढेरों बातें करने की ख्वाहिश रखी होगी?

दुनिया भर की खुशियाँ देने का वादा तो सबने किया,
क्या सच में मुझे खुश रखने का इरादा किसी ने रखा होगा?

जीवन भर साथ रहने की ख्वाहिश भी सबमें थी,
क्या किसी ने जीवन भर साथ निभाने का इरादा भी रखा होगा?

मैं बस एक बार उनकी हो जाऊँ—ये चाहत भी सबने की,
क्या कोई नहीं था जिसने 'मेरा' हो जाने का सपना देखा होगा?

क्यों बस सूरत देख प्यार करते हैं लोग?
क्या कोई नहीं था जो मेरी सीरत पे फिदा हो गया होगा?

सूरत तो चंद दिन की मेहमान है,
जिसे कुछ वक़्त में ढल ही जाना है,
सीरत से अगर प्रेम हो,
तो उस प्रेम को अमर हो जाना है।

प्रेम अगर सूरत से है,
तो उसे भी सूरत के साथ नष्ट हो जाना है,
प्रेम अमर तभी कहलाना है जब सीरत से मोहब्बत हो,
और खुद को एक-दूजे में समर्पित कर,
बस एक-दूजे में खोकर एक हो जाना है।

तब उस प्रेम से जो निकलेगा, उसे 'अर्धनारीश्वर' कहलाना है,
और तब उस प्रेम को अनंत के लिए अमर हो जाना है।

कविता: अनजानी राहें, अटूट विश्वास

जिस मंज़िल तक जाना है, उन राहों का हमको पता नहीं,
किस पथ पर आगे बढ़ना है, उन बातों का भी पता नहीं।
कैसे ढूँढूँ राह सही मैं, ये भी मुझको पता नहीं,
फिर भी तुझसे है आश मुझे, बस तुझपे है विश्वास मुझे।

भक्ति कैसे करते हैं, ये भी तो मुझको पता नहीं,
बस इतनी सी करती हूँ दुआ—मेरे सिर पर रखना हाथ सदा।
अब कोई भी ना हो साथ मेरे,
फिर भी एक दिन मंज़िल तक पहुँच जाएँगे,
आज भले हमें कोई ज्ञान नहीं,
पर कल बुद्धिमान कहलाएँगे।

पथ दिखला दो अब हे शिवा!
मंज़िल पर हम साथ तेरे ही चलते जाएँगे,
ये विश्वास मेरा अटूट है कि एक दिन—
हम भी महादेव के बड़े भक्त कहलाएँगे।

जय शिव शंभू! हर-हर महादेव! 🔱

कविता: दर्शन की प्यास
(हे मधुसूदन)

हे मधुसूदन! हे कन्हैया!
कहाँ है तुम्हारा लाला, गोकुल की मैया?
तरसें अखियाँ मेरी, हृदय में है पीड़ा,
ढूँढ रही हूँ तुमको, कहाँ हो कन्हैया?
किया खुद को समर्पित, पुकार रही हूँ तुमको,
प्रेम स्वीकारो, हृदय से लगा लो।
उपकार करो हमपे, करुणा अपनी दिखा दो,
एक बार मुझको भी दरस दिखा दो।

कविता: ईश्वरीय हाथ: नवनिर्माण

थामा है हाथ तेरा,
तुझे अब आगे बढ़ाना है,
खोया है तूने जो कुछ भी,
अब उससे कहीं अधिक तुझे दिलाना है।
अंतर्मन से है शुद्ध... मन को भी विकार मुक्त कराना है,
विचार-मुक्ति की राह पर बढ़ते-बढ़ते तुझे मुक्ति भी पा जाना है।
जीवन के सार को समझ,
नवनिर्माण कर जाना है,
मन में छपी सुंदर सृष्टि को वास्तव में भी अब लाना है।
कर्म के पथ पर उचित धर्म का बोध कर,
आगे चलते जाना है,
किसी के लिए नहीं,
अपने लिए सृष्टि को सुंदर स्थान बनाना है।
सुंदर स्थान बनाना है।
हर-हर महादेव! हरे कृष्णा!

कविता: दर्शन की अभिलाषा

(परम मिलन)

मैं दर्शन करने की अभिलाषी,
तुझसे मिलने की हूँ प्यासी।

ब्रह्मा, विष्णु, महेश पुकारूँ,
या राम, कृष्णा का नाम पुकारूँ,
तीरथ चारों धाम कर डालूँ,
या गीता और पुराण पढ़ डालूँ।

मंदिर-मंदिर माथा टेकूँ,
या फिर मैं अब ध्यान में बैठूँ,
मुझको बता दो क्या कर डालूँ,
कि बस तुमको मैं अनुभव कर डालूँ।

आभास किया है खुद में तुमको, पर अब अनुभव में पाना है,
तुमसे ही तो आई हूँ मैं, अब तुम्हीं में मिल जाना है।
होंगे बहुत से मार्ग तुम तक आने के,
पर मुझमें बस प्यास है तुममें मिल जाने की।

मुझको मुझसे ही मिला दो, मैं भी तुम हूँ ये बतला दो,
भटक रही हूँ दर-दर मैं अब, मेरी भी तो प्यास मिटा दो।
एक बार मुझको दरस करा दो,
या खुद मुझसे मिलने आ जाओ,
या मुझको खुद में मिला दो।

अब तो मेरी प्यास बुझा दो,
हे ईश्वर! अब दरस दिखा दो,
हे ईश्वर! अब दरस दिखा दो।

कविता: बोध

(माया से मुक्ति)

भ्रम में भरमाए थे, प्यार में पगलाए थे,
माया ने घेरा ऐसा कि 'मैं, मेरा, मुझे' में ही जीवन बिताए थे।
जो चाहा वो पाया नहीं, अपना दुखड़ा पूरी दुनिया को सुनाए थे,
देखा जो सपना—हर सपना टूटा, पीड़ा अपार अपने मन में उठाए थे।

यही कारण था कि हम 'सच' नहीं जान पाए थे,
जो कुछ था सब मन में ही तो था—
बस इतना सा सच हम जाने क्यों नहीं देख पाए थे?

सुख-दुख, हँसना-रोना, पाना-खोना...
सब देख के भी जाने क्यों हम सच नहीं समझ पाए थे?
जो खोया—क्या उसे हम अपने साथ लेके आए थे?
या फिर जो पाया—उसे हम साथ लेके जाएँगे?

खुल चुकी हैं आँखें—ना कुछ लेके आए थे,
और ना कुछ लेके जा पाएँगे,
खुद को जानने आए थे, खुद को बिन पहचाने चले जाएँगे?
अगर अब ना जागे, तो ये ना समझ पाएँगे—
'मैं' में फँसकर जीवन व्यर्थ कर जाएँगे।

अगर अब भी सपने में 'सपने के टूटने' का शोक मनाते रहे,
तो जागने का मौका छूट जाएगा, ये कभी जान ही ना पाएँगे।
ये जीवन एक मौका है, जहाँ हम खुद को जान 'मुक्त' होने आए थे,
और सृष्टि की माया में फँस, मुक्ति को भूल—बंधन से घिर जाएँगे।

माया के भ्रम में हम इतना भरमाए थे...
कि "मैं खुद प्रेम ही हूँ"—इस शाश्वत सच को भूल,
जाने किस प्रेम के प्यार में पगलाए थे!

कविता:-आराम में छुपे राम

आराम - आराम तुम्हे तभी मिलेगा जब राम को तुम जानोगे।
थक जाओगे पा कर भी दुनिया भर की सुविधाए ,
आराम तो राम में ही तुम पाओगे।
एक नाम है राम - एक नाम है राम
जो जग में गूंज रहा,
क्या हृदय तुम्हारा उसे पूज रहा,
निश्छल हो जाओ जब तुम,
निश्छल हो जाओ जब तुम,
उसी क्षण राम को तुम पा लोगे।
मगर राम नाम से जो छल करो तुम,

मगर राम नाम से जो छल करो तुम,
किसी और को नही तुम खुद से खुद को छल जाओगे।

राम राम मुंह से कहते हो,क्या जाप राम का हृदय से भी करते हो।

जो पाना है तुम्हें राम तो जानना होगा तुम्हे कौन है राम....
ये बस एक नाम नहीं आराम है मन का...
आधार - आधार बना लो तुम इसे अपने जीवन का...
क्यों कि सुकून है ये तुम्हारे मन का ,
जो इतना सुंदर,इतना कोमल,इतना निर्मल कि हर भी हरदम जपते
राम - राम है (हर - महादेव)..
सुख है राम नाम में,
संघर्ष है राम काज में।
सुख है राम नाम में,
संघर्ष है राम काज में....
राम से आराम पाने को पहले तुम्हे मर्यादा में रहना होगा...
समुद्र सुखाने की क्षमता हो फिर भी विनम्रता हृदय में रखना होगा...

कुछ भी करने के लिए चेतना को राम मय रखना होगा।
तब जो मिलेगा आराम तुम्हे वो किसी बिरले को ही मिलता हैं।

राम राम राम राम करते करते उसे समझने का प्रयास करो,
राम ने जीना सिखाया है उस सीख पर तुम चलने का प्रयास करो।

त्याग दो अहंकार को और निर अहंकारी होने का प्रयास करो।
मिल जाएंगे तुमको राम पा लोगे तुम सच्चा आराम...
तो प्रेम से बोलो जय श्री राम।

कविता: माँ: मेरा अर्थ, मेरा समाधान

मेरी बेरंग सी ज़िंदगी में रंगों की बहार आ गई,
जब से तू मेरे जीवन में, माँ, आ गई...

समस्या जीवन में हज़ारों थीं, तू उनका समाधान ला गई,
जब से तू मेरे जीवन में, माँ, आ गई।

अपने और परायों की मुझे पहचान आ गई,
जब से तू माँ, मेरे जीवन में आ गई...

मैंने तो खुद को 'व्यर्थ' समझ लिया था,
तू मुझे मेरा 'अर्थ' समझा रही।
इस व्यर्थ जीवन को तू अर्थपूर्ण बना रही,
तू मुझे समझा रही—समस्या तो होंगी सदा,
तू मुझे उन समस्याओं का 'समाधान' बना रही।
तेरा शुक्रिया माँ, कि तू मेरे जीवन में आ गई...

जय माता दी 🔱

कविता: मैं 'शिव' हो जाना चाहती हूँ

मैं जीवन होना चाहती हूँ,
सिर्फ़ उसे जीना नहीं...
मैं दिल से मुस्कुराना चाहती हूँ,
सिर्फ़ होंठों से नहीं।

मैं 'प्रेम' ही होना चाहती हूँ,
बस उसे करना नहीं...
मैं तुमको पाना चाहती हूँ,
पर खुद को खोना नहीं।

मैं आसमां में आज़ाद उड़ना भी चाहती हूँ,
सिर्फ़ धरती तक सीमित रहना नहीं...
मैं अनंत में मिलना चाहती हूँ,
सिर्फ़ अंत में नहीं।

मैं देह के परे का जीवन अनुभव करना चाहती हूँ,
सिर्फ़ देह में बँध कर मोह का नहीं...
मैं 'सच' हो जाना चाहती हूँ,
सिर्फ़ सच कहना नहीं।

मैं 'मुक्त' हो जाना चाहती हूँ,
सिर्फ़ विकार-मुक्त नहीं...
मैं सूर्य, चंद्रमा, तारे, नक्षत्र—सबको अनुभव से जीना चाहती हूँ,
सिर्फ़ देखना नहीं।

मैं शिव में मिल जाना चाहती हूँ,
सिर्फ़ शिव से मिलना नहीं...

कविता: शिव-अनुराग

कैसे ढूँढूँ तुझे ऐ कैलाशी,
तू है सबके हृदय का निवासी...
ढूँढ रही हूँ इस जग में,
तू बसता है जन-जन के अंतर्मन में।
तुझे मैं जग से क्या अर्पित करूँ?
जब तूने इस जग का मोह त्याग रखा है।
मैं कैसे ढूँढूँ तुझे अपने अंदर,
क्या इतनी क्षमता है मेरे अंदर?
जब भी कोशिश की, तब-तब हार गई...
तू मुझसे रूठा तो नहीं, यह सोच के काँप गई।
मैं करना चाहती हूँ परिश्रम,
पर ये देह देती मेरा साथ नहीं...
विकारों से परेशान हूँ,
लगता खुद से मैं अनजान हूँ।
मुझपे कर दो कृपा बड़ी,
टूट जाए माया की माया इसी घड़ी।
अंधेरे में 'शिव' को जानूँ,
उजियारे में तुझको पहचानूँ...
शून्य हो के अनंत को जानूँ,
काल के ठहराव में 'महाकाल' को मानूँ।
कैलाशी के काशी में रह कर,
कण-कण में बसने वाले को,
खुद के अंदर मैं जानूँ...
कर दो कृपा बस इतनी सी,
भटकाव मिट जाए,
और ठहराव में खुद के भीतर उतर,
मैं तुझको पा लूँ।
हे महादेव! भक्ति दो, शक्ति दो, मुक्ति दो...

कविता: तू ही तू (शिव-अद्वैत)

चलो अच्छा है,
धीरे-धीरे ही सही, सब सही लगने लगा है...
जब से तेरे होने का अहसास हमें
पल-पल होने लगा है।

लोग कहते हैं हम बड़े भोले हैं,
लोग कहते हैं हम बड़े भोले हैं...
उन्हें क्या पता कि हम बस 'भोले' के हैं,
उन्हें क्या पता कि हम बस 'भोले' के हैं।

मेरा कल भी तू, मेरा आज भी तू,
मेरा आने वाला कल भी तू...
मेरे तन-मन में तू, मेरे कण-कण में तू,
मेरे आदि और अंत के प्रभात में तू,
और अंधकार में भी बस तू ही तू।

तू है तो ही तो हूँ मैं, तुझ बिन मैं कुछ नहीं...
मैं निरर्थक हूँ तुझ बिन,
मुझमें सार्थकता घटित कर दो।
मैं कौन हूँ? तुम कौन हो? हम एक हैं तो कैसे हैं?
बस ये एक प्रश्न का उत्तर ढूँढ सकूँ,
मुझे इस काबिल कर दो...

हर-हर महादेव!

कविता : पूर्णता का आह्वान

(स्त्री-पुरुष से परे, चेतना का संतुलन)

इतिहास पढ़ने ही नहीं,
उसे रचने भी चली हूँ...
नवयुग के इस प्रारंभ में,
मैं चेतना का एक नया दीप जलाने चली हूँ।
न प्रधान पुरुष, न प्रधान स्त्री,
न ही प्रधान कोई किन्नर—
मैं तो इस भेद से परे,
सभी में एक ही सत्य जगाने चली हूँ।

'वूमन' और 'मेन' से पहले,
'ह्यूमन' हैं हम—
और 'ह्यूमन' से भी पहले
एक ही चेतना के अंश हैं हम—
इसी अद्वैत का बोध कराने चली हूँ।

'एकोऽहं बहुस्यामि'—
उस एक ने स्वयं को अनेक रूपों में बाँटा,
कभी राम की मर्यादा बना,
तो कभी कृष्ण की प्रेम पुकार,
कभी शिव का शून्य,
तो कभी शक्ति का संपूर्ण विस्तार—
मैं उसी एक को हर रूप में पहचानने चली हूँ।

स्त्री हो या पुरुष—
दोनों अपने-अपने अस्तित्व में पूर्ण हैं,
पर जब यह पूर्णता
अहंकार से मुक्त होकर मिलती है,
तब वह संपूर्ण है।

शिव बिना शक्ति 'शव' हैं—
क्योंकि चेतना बिना ऊर्जा,केवल मौन समाधि है...
और शक्ति बिना शिव,दिशाहीन प्रवाह है—
जब दोनों मिलते हैं,
तभी सृष्टि का सृजन होता है।
तभी 'अर्धनारीश्वर' का सत्य प्रकट होता है।

'तत्त्वमसि'—
जिसे तुम बाहर खोजते हो,
वह तुम स्वयं हो...
और जब यह अनुभव गहराता है,
तो 'अहं ब्रह्मास्मि' का उदय होता है—
जहाँ खोज समाप्त,
और 'हो जाना' प्रारंभ होता है।

मैं इतिहास को केवल दोहराने नहीं,
उसे चेतना के इस शिखर तक ले जाने चली हूँ।
जहाँ स्त्री 'सीता' का त्याग भी है,
और 'दुर्गा-काली' का साहस भी—
जहाँ संतुलन ही सच्ची शक्ति है।
सीता की मर्यादा ने राम को पूर्ण किया,
और मर्यादा के भंग ने लंका का अंत—
यह केवल कथा नहीं,
जीवन का शाश्वत नियम है—
इसी सत्य को खुद में और सभी में जगाने चली हूँ।
मैं केवल शब्द नहीं लिख रही,
ये ही सत्य है...
जहाँ भेद मिटे,
जहाँ चेतना जागे,
जहाँ प्रेम ही अंतिम सत्य हो—
मैं उसी 'अनुराग' को जगाने चली हूँ।

विशेष नोट

(एक ईश्वर, अनेक रूप – अद्वैत का विस्तार)

यह अध्याय उस शाश्वत सत्य की यात्रा है, जहाँ आत्मा सांसारिक मोह और 'सूरत' के आकर्षण को त्यागकर 'सीरत' के शाश्वत प्रेम से जुड़ती है। 'एकोऽहं बहुस्याम' (मैं एक हूँ, अनेक हो जाऊँ) का दिव्य सिद्धांत यहाँ चरितार्थ होता है, जहाँ वह एक ही परम चेतना हमारी भावनाओं के अनुरूप भिन्न-भिन्न ऊर्जाओं में प्रकट होती है।

जब जीवन के संघर्षों में मन थककर विश्राम खोजता है, तो वह 'राम' की मर्यादा और नाम में 'आराम' पाता है। जब हृदय निस्वार्थ प्रेम और अपने अस्तित्व की गहराई को नापना चाहता है, तो वह 'कृष्ण' की विरह-पुकार बनकर गूँजता है। लेकिन जब यात्रा 'बिखरने' से 'निखरने' के उस अंतिम पड़ाव पर पहुँचती है जहाँ माया के सारे भ्रम टूट जाते हैं, तब केवल 'शिव' शेष रह जाते हैं।

यहाँ 'अनुराग' का अर्थ केवल भक्ति नहीं, बल्कि 'विलीन' हो जाना है। यहाँ भक्त अब केवल दर्शन का अभिलाषी नहीं रहता, वह शिव को पाना नहीं बल्कि 'स्वयं शिव हो जाना' चाहता है।
यह अद्वैत की वह पराकाष्ठा है जहाँ 'मैं' मिट जाता है और केवल 'तू ही तू' शेष रहता है।

यहां प्रेम निर्भरता नहीं,बल्कि चेतना का विस्तार बन जाता है।
'एकोऽहं बहुस्याम'–
वह एक ही चेतना, अनेक रूपों में प्रकट हुई–कभी 'राम' बनकर मर्यादा में बही,कभी 'कृष्ण' बनकर प्रेम में गूँजी,कभी 'शिव' बनकर शून्य में स्थित हुई,और कभी 'शक्ति' बनकर ऊर्जा में प्रवाहित हुई।रूप भिन्न हैं,पर सार एक ही है–वह चेतना, जो सबमें समान रूप से विद्यमान है।

इस सृष्टि का मूल भी यही है—न तो अधूरापन,न ही एकदूसरे पर निर्भरत बल्कि प्रत्येक अस्तित्व अपने आप में पूर्ण है।स्त्री अपनी चेतना में पूर्ण है,परुष अपनी सत्ता में पूर्ण है।

पर जब यह दोनों अपनी-अपनी पूर्णता को जान लेते हैं,तब उनका मिलन किसी कमी को भरने के लिए नहीं,बल्कि 'सम्पूर्णता' को प्रकट करने के लिए होता है।जैसे शिव—हैं।

-

स्वयं में पूर्ण, समाधिस्थ, अचल...पर शक्ति के संयोग से वही चेतना गति बन जाती है, सृजन बन जाती है।शक्ति ही ऊर्जा है,और ऊर्जा ही सृष्टि का प्रवाह है।

शिव बिना शक्ति 'शव' हैं—क्योंकि वहाँ गति नहीं, अभिव्यक्ति नहीं। और शक्ति बिना शिव—असंयमित ऊर्जा है, जिसका कोई आधार नहीं। जब दोनों का मिलन होता है,तभी सृष्टि का संतुलन जन्म लेता है—तभी 'अर्धनारीश्वर' का स्वरूप प्रकट होता है।

यह अध्याय उसी अनुभूति का साक्ष्य है—जहाँ साधक पहले स्वयं को पहचानता है—

'तत्वमसि'—वही तुम हो...

और जब यह पहचान गहराती है,तो अनुभव में बदल जाती है—

'अहम् ब्रह्मास्मि'—मैं ही वह हूँ।

यहीं 'अनुराग' अपनी पराकाष्ठा को प्राप्त करता है—

जहाँ मिलन किसी कमी का परिणाम नहीं,बल्कि पूर्णता की अभिव्यक्ति होता है। जहाँ स्त्री और पुरुष दो नहीं रहते—बल्कि एक ही चेतना केदो जाग्रत आयाम बनकर सृष्टि को जन्म देते हैं।

अध्याय : 10 उपसंहार

प्रारंभिक नोट

"यह उपसंहार मेरी यात्रा का अंतिम पड़ाव नहीं, बल्कि एक नए क्षितिज की शुरुआत है। जब मैंने इस पुस्तक का पहला शब्द लिखा था, तब मैं 'बिखरी' हुई थी—अपमान, विश्वासघात और अकेलेपन के अंधेरों में घिरी हुई। लेकिन इन पन्नों को भरते-भरते, मैंने खुद को 'निखरते' हुए देखा है।

यहाँ संकलित कविताएँ मात्र शब्द नहीं हैं; ये मेरे मौन की गूँज हैं, मेरे संघर्ष की गवाही हैं और महादेव की उस 'पाठशाला' का परिणाम हैं जहाँ मैंने 'शिकायत' को 'शुक्रिया' में बदलना सीखा। यह उपसंहार उन सभी के लिए है जो आज भी अंधेरे में हैं—यह बताने के लिए कि जब दुनिया साथ छोड़ देती है, तभी ईश्वरीय हाथ हमें थामने के लिए बढ़ते हैं। आइए, मेरे साथ इस यात्रा के उस अंतिम मोड़ पर चलें जहाँ 'शून्य' ही 'अनंत' बन जाता है।"

कविता: अटूट विश्वास
(महादेव का साथ)

अब विश्वास है कि पूरी होनी हर आश है,
अब विश्वास है कि बनना मुझे बहुत खास है।
अब विश्वास है कि मंज़िल मेरी आस-पास है,
अब विश्वास है—क्योंकि महादेव जो मेरे साथ हैं!

कविता: मैं शून्य हूँ, मैं अनंत हूँ

मैं कौन हूँ? जान पाई नहीं...
मैं मौन हूँ, पर शांत नहीं।
अल्पविराम हूँ, विराम नहीं...
ठहरी हूँ, पर रुकी नहीं।
विश्राम में हूँ, पर आराम में नहीं...
मैं मौन हूँ, पर शांत नहीं।

मैं अग्नि हूँ—अभी दहकी नहीं,
मैं वायु हूँ—वेग से आई नहीं।
मैं जल हूँ—सैलाब लाई नहीं,
मैं आकाश हूँ—अपनी सीमा दिखाई नहीं।
मैं धरती हूँ—किसी को खुद में अभी समाई नहीं।

मैं हूँ भी और नहीं भी...
मैं शून्य हूँ और अनंत भी।
इसका अर्थ समझा पाई नहीं...
मैं जन्मी हूँ 'मृत्यु' के लिए,
मगर अभी 'जीवन' से मिल पाई नहीं।

कविता: शिकायत से शुक्रिया तक

(महादेव की पाठशाला)

चाहती कुछ और थी, पर होता कुछ और ही गया,
फिर भी शिकायत नहीं खुदा से,
क्योंकि जो हुआ वो भी अच्छा ही हुआ।
सीधी-साधी सी शांत ज़िंदगी जीने की चाह थी,
पर टेढ़े-मेढ़े राह पर ला के खुदा ने मुझे छोड़ दिया।

अकेले रहने से बड़ा घबराती थी मैं,
और उसने मुझे हर एक से दूर किया,
अंधेरा हो जाए तो सहम जाती थी मैं,
और उसने मुझे अंधेरे में अकेले रहने पर मजबूर किया।

घर से बाहर तक अकेले ना जा पाती थी,
उसने मुझे दूसरे शहर भी अकेले भेजा,
स्कूल की फीस तक अकेले ना जमा कर पाती थी,
जिन टीचर को बरसों से जानती थी,
उनसे भी कुछ पूछने में हिचकिचाती थी मैं।

उसने मुझे हर मोड़ पे इतना चोट दिया,
कि किसी और का सहारा लेना ही मैंने छोड़ दिया,
घर और बाहर का हर काम अकेले कर जाती हूँ मैं,
हमेशा चुप रहने वाली, जाने कितना कुछ कह जाती हूँ मैं।

क्या शिकायत करूँ मैं उससे उसके लिए तो बस शुक्रिया ही करती हूँ।
गलत थी मैं कि—उसने मुझसे मेरा सब छीन लिया,
अरे! उसने तो मुझे वो दिया जो शायद कभी खुद को ना दे पाती थी मैं।
एक डरपोक थी मैं, और उसने 'शेरनी' बना दिया!

ये शिकायत थी कि उसने मुझे मेरे अपनों से दूर कर अकेला किया,
अब बस माफ़ी है कि उसपे मैंने कैसे ये शक किया?
क्यों खुद को अकेला समझा, जब वो हर क्षण मेरे पास है।

जो चुप सी थी, उसे कहना सिखा दिया,
जो सहती थी, उसे खुद के लिए लड़ना सिखा दिया।
जो अपनों के लिए अपना हर सपना छोड़ देती थी,
आज उसे इस काबिल बना दिया कि उसने दूसरों में सपना देखने का
हौसला भरना सिखा दिया।

जो खुद को मजबूर मानती रही,
उसे चट्टान सा मज़बूत बना दिया।
किस बात की शिकायत करूँ उससे?
कि उसने मुझसे मेरा प्यार छीन लिया?
या हर किसी से और खुद से प्यार करना सिखा दिया?

जो होता है, हमें वो कितना भी बुरा क्यों ना लगे,
पर उसमें होता हमारा अच्छा ही है।
वो ईश्वर मेरे अंदर था और मैं पत्थर पे सिर पीटती रही...
माना कि वो मुझे ना मिला जो मेरा सपना था,
पर जो जीवन मैं जी रही हूँ, वो ना जाने कितनों का सपना है!

मुझे माफ़ कर देना महादेव,
आपको समझने में थोड़ी देर लगाई थी मैंने...
और धन्यवाद!
मुझे वो कुछ भी ना देने के लिए जो मैंने खुद के लिए चाहा था,
क्योंकि हम बस छोटा सोचते हैं,
और आप तो बिन बताए 'बड़ा' करवा देते हो।

धन्यवाद !

कविता: कुछ पुरानी, कुछ नई

कुछ पुरानी सी मैं, कुछ नई सी मैं...
दोनों को साथ लिए चल पड़ी हूँ अब मैं।
पुराने किस्सों को पीछे छोड़,
नई कहानी लिखने
उठ खड़ी हुई हूँ अब मैं।

गिरी भी मैं, संभली भी मैं...
रोई भी मैं और फिर हँस पड़ी भी मैं।
पर कुछ भी हो, थक के आराम ज़रूर किया,
पर फिर आगे चल पड़ी मैं।

ना कल रुकी थी मैं,
ना आज रुकूँगी मैं...
जब तक मिल ना जाए मंज़िल मुझे,
यूँ ही चलती रहूँगी मैं।

सफलता तो मिल ही जानी है एक दिन,
पर जब तक सफलता में संघर्ष की कहानी ना हो,
तब तक प्रेरणा नहीं मिलती।

अब उठ खड़ी हुई हूँ जो मैं, तो दूर तक जाऊँगी,
एक दिन वो भी आएगा,
जब लोग मुझसे प्रेरणा ले आगे बढ़ेंगे...
और तब मैं उन सबकी 'आदर्श' कहलाऊँगी।
तब जाके मैं खुद को सचमुच सफल मान जाऊँगी।

कविता: वर्तमान का बहाव

एक हकीकत है जो बुरे सपने सा लगता है,
एक सपना है जो खूबसूरत हकीकत सा लगता है।
और इस हकीकत और सपने के बीच—अकेली मैं...

ना हकीकत मेरी, ना सपना मेरा,
पर मैं... मैं दोनों की!
तन हकीकत का, और मन सपने का।

मुझमें 'मेरा' कब कुछ आएगा?
नाम शिवानी, लोग कहते 'अभिमानी',
कैसे कहूँ—हूँ मैं 'स्वाभिमानी'।

खो चुकी सब अपना,
अब विशेष पाने की इच्छा नहीं,
आ चुका है ज़िंदगी में वो पड़ाव—
बस कुछ करने की इच्छा है,
जिससे कुछ का भला हो सके, बाकी सब अच्छा है।

ना हकीकत से उम्मीद कोई, ना सपने से अब है लगाव,
दिल में हैं कुछ घाव, पर हम अब ना देंगे किसी को भाव।
अनचाहे-मनचाहे,
अतीत और भविष्य से पीछा छुड़ा—वर्तमान में,
खुद के भीतर होगा मेरा बहाव।

किसी और से मिलने की कोई इच्छा बची नहीं,
अब खुद को जानके 'शिव' में मिल जाऊँ—
यही अंतिम इच्छा है मेरी।

कविता: सुनहरी स्याही

अब किसी को हक नहीं कि मेरा दिल तोड़ दे,
अब किसी को हक नहीं कि मेरी नियति वो लिखे।

मेरी किस्मत की किताबों के पन्ने पर कुछ लोगों ने अपनी मर्ज़ी
चलाई थी,
छीन लिया है अब मैंने उनके हाथों से वो काली स्याही का कलम!

किस्मत में जो लिखा था वो हो गया, जिसे जो लिखना था वो
लिख चुका,
अब इस किस्मत की डोर उस ऊपर वाले के हाथ में है और कलम
मेरे हाथ में।

उसने सुनहरी स्याही की कलम मेरे हाथों में थमा दी है,
और छोड़ दिया है मुझे स्वतंत्र...

अब मैं जो चाहूँ वो लिखूँ, और मैंने लिख दिया है—
कि मैं हूँ मस्त मलंग!

कविता: मृत्यु से पहले मत मरो

चिता वो श्मशान की
एक दिन सबको निगल ही जाएगी,
जब जलेगा ये शरीर
तो उसकी जलन ना उसे महसूस हो पाएगी।
जो निश्चित है वो एक दिन घटित हो ही जाएगा,
समय जिस दिन मृत्यु का होगा
तो कहाँ कोई उसे रोक पाएगा।
फिर क्यों हम मृत्यु से पहले हर रोज़ खुद को मारते हैं?
दूसरों के शब्द-बाण खुद के दिल में उतारते हैं।
मृत्यु के वक्त ये अहसास हो मानो कल की ही बात है
जब हम दुनिया में आए थे,
जीवन जीने को मिला था
पर चिंताओं में जी ही नहीं पाए थे।
सिर्फ अफ़सोस बाकी रह जाए और ये भान हो—
ना कुछ ले के आए थे ना कुछ ले के जाएँगे,
और फिर आत्म-ग्लानि में हम मर भी जाएँगे।
तो मरने से पहले क्यों ना थोड़ा जी लेते हैं?
बड़े-बड़े सपनों को पूरा करने की कोशिश करते हैं,
पर छोटी-छोटी खुशियों की चाय भी कुछ पल सुकून से बैठ पी लेते हैं।
कभी अपने रूठेंगे, तो कभी आप टूटेंगे,
और अपने कर्तव्य का निर्वाह करते-करते एक दिन सब जग से छूटेंगे।
मृत्यु आए तो ये सोचना ना रह जाए कि क्या पाया क्या खोया?
क्योंकि बदलाव ही तो सृष्टि का नियम है।
जिसकी उत्पत्ति हुई है
वो अपना काल-चक्र पूरा कर नष्ट हो ही जाएगा,
फिर चाहे वो मनुष्य हो, संबंध हो या संपत्ति हो...
रह जाता है तो बस आपका व्यक्तित्व, आपका आचरण।
हम ना कुछ ले के आए थे ये तो ठीक है,
ना कुछ ले के जाएँगे ये भी ठीक है,

पर हम क्या दे के जाएँगे—ये अनिवार्य है।
मृत्यु के बाद भी हम यहाँ कब तक याद किए जाएँगे—
ये हमारे कर्मों पर है।
हम याद रखे जाएँगे या भुला दिए जाएँगे?
जीते-जी जीवन की जगह मृत्यु को जीते जाएँगे,
या मृत्यु के बाद भी अमर हो जाएँगे?
हम जैसा जीवन जीते जाएँगे वैसी मृत्यु पाएंगे।
जीते-जी जीवन को ऐसा जी जाओ,
कि जितने भी दिन हों जीवन के बाकी—
उसमें हर रोज़ एक ऐसा काम कर जाओ
कि अगर जीवन के संघर्ष की थकान के बाद भी,
दुखों की चिंता इतनी हावी हो तुमपे कि तुम रात में सो ना पाओ,
तो दिन में किया हुआ तुम्हारा एक 'सत्कर्म'
उसे याद कर सुकून से सो जाओ।
जब हर दिन ऐसे जीते जाओगे
तो मृत्यु के वक्त अफ़सोस के आँसू ना बहेंगे आँखों से,
मृत्यु की पीड़ा से मुक्त तुम चैन से मर पाओगे,
शरीर से मुक्त हो जाओगे,
और फिर उसी परमात्मा में मिल जाओगे
जिसे जानने तुम यहाँ आए थे।
मृत्यु से भागो नहीं उससे प्रेम करो,
यही एकमात्र सत्य है और सब बस माया है।
और जीवन को सजगता से जी लो—
चिता की अग्नि में तो जलना ही है,
फिर चिंता की अग्नि में हर क्षण क्यों जीना?
खुद की चेतना को बढ़ाते जाओ और चैतन्य हो जीवन जियो।
मरने से पहले मत मरो और कर्म ऐसा करो
कि मरने के बाद भी अमर हो जाओ।

कविता: अमरता का अर्थ

अस्तित्व मेरा कुछ और है,
चरित्र मेरा व्यवहार है...
पाँच तत्व से बना ये शरीर–
तो बस एक वस्त्र के समान है।

मिट्टी से बनी इस देह का
क्या ही मोह करना है?
इसको तो एक दिन मिट्टी में ही मिल जाना है।
ना कुछ ले के आई थी,
ना कुछ ले के जाऊँगी,
पर कर्म ऐसा कर जाऊँगी
कि सदा के लिए याद की जाऊँगी।

अमरता का अर्थ ये नहीं
कि देह के साथ सदा रहो और निरर्थक कर्म करो,
अमरता का अर्थ ये है कि भले अल्पायु रहो–
पर ऐसा कर्म करो कि मृत्यु के बाद भी
सबके दिलों में तुम जीवित रहो।

कविता: संकल्प
(बढ़ते जाना है)

अब आगे बढ़ते जाना है,
लक्ष्य को अपने पाने तक बस चलते ही जाना है।
जो कुछ भी जैसा भी जीवन में चलता है,
उसे चलने देना है,पर उसके चलते रुक नहीं जाना है...
बस आगे बढ़ते जाना है।

जो थक जाओ राहों में,
तो रुक के थोड़ा विश्राम करो,
मन को थोड़ा शांत करो, और बोलो उसको प्यार से—
"तुम उठो और कदम बढ़ाओ... मंज़िल तक पहुँच के दिखाना है!"
बस आगे बढ़ते जाना है।

जीवन के लक्ष्य को पूरा करके, इसी जीवन में मुक्त हो जाना है,
बस अब आगे बढ़ते जाना है...
निश्चय करके मन में अपने निकली हूँ, निश्चित ही लक्ष्य को प्राप्त करूँगी,
क्योंकि अब आगे बढ़ती मैं रहती हूँ।

मैं हूँ वो बहती हुई सी जलधारा, जो आगे बहती जाती है,
मैं आगे चलती रहती हूँ और सभी से कहती हूँ—
जीवन में हो जब संघर्ष की घड़ी, तो शुक्रिया करना ऊपर वाले का,
चुना है उसने तुम्हें लाखों में एक, अब इतिहास पलटने वाला है!

लाऊँगी ऐसा दौर मैं, जब एक और इतिहास लिखा जाएगा,
वो महिलाएँ जो शोषित होती हैं,
उन्हें सहना छोड़ अपनी बातें निडरता से कहना आ जाएगा।
तब जाकर मेरा इस धरती पर जन्म लेना सफल हो जाएगा...
फिर रुक जाएँ सांसें भी, मुझे मरने में भी सुकून मिल जाएगा।

कविता: नव-आरंभ

हूँ धैर्य की चादर ओढ़े मैं,
होकर शांत, कर रही हूँ प्रतीक्षा अब...
होने वाला है एक नया आरंभ।
नव-युग की निर्माता बनने की पात्रता के लिए,
बना रही हूँ खुद को काबिल।

चल रही हूँ एक-एक कदम मैं,
मंज़िल दूर ज़रूर है, पर इन आँखों के सामने–
वो दिखता भी ज़रूर है।
आएगी वो घड़ी, बस उसमें थोड़ा वक़्त है,
होगा हर सपना सच, इस पे विश्वास मेरा अटूट है।

किया है भरोसा खुद पर पहली बार,
औरों पे विश्वास कर, बस मैंने तकलीफ ही पाई थी।
खुद को सौंप दिया है ईश्वर को,
अब जो होगा, सब अच्छा होगा...

कहते हैं जिसका कोई नहीं होता, उसका खुदा होता है,
और जिसको 'गोद' ही ईश्वर ने ले लिया–
उसका तो सब अच्छा ही होता है,
सब अच्छा ही होता है।
जय शिव शक्ति! 🔱

कविता: प्रगति का पथ

आज तुझ पर हस रहे हैं जो ,
वही लोग कल तेरा गुणगान करेंगे
कर के दिखा दे कोई कमाल
वो तुझपे अभिमान करेंगे।

जो अपने लक्ष्य में खो गए,
समझो वही व्यक्ति सफल हो गए
सपना एक देखोगे, मुश्किल हजार आयेगी,
लेकिन वही मंजर खूबसूरत होगा
जब कामयाबी शोर मचाएंगी।

जुनून का नतीजा जरूर निकलेगा,
हुनर के समुद्र से ही नूर निकलेगा।
असफलता एक चुनौती है स्वीकार करो,
क्या कमी रह गई देखो और सुधार करो।

किसी - किसी के किस्से में आता है ,
मौका नसीब वाले के हिस्से में आता हैं।
ये जान लेना प्रकृति है,
इससे मान लेना संस्कृति है
और सुधार लेना ही प्रगति है।

कविता: शव से शिव की यात्रा

**(उसने कहा बुझा सा रहता हूँ,
अगर जलता रहता तो राख हो जाता।)**

उसकी इस बात को सुन के दिल से आवाज़ आई...

राख हो जाता, खाक हो जाता,
मणिकर्णिका में जलती चिताओं में धुआँ सा उड़ जाता।

मिट्टी से आया, मिट्टी हो जाता,
बारिश की बूंदों संग बह गंगा में मिल जाता।

बारिश की वो बूंद समंदर हो जाता,
पंचतत्व का शरीर पंचतत्व में मिल जाता।

और मैं शिव का भक्त, शिव में मिल जाता,
मैं राख हो के मुक्त हो जाता।

देह में बंधी चेतना मुक्त हो विदेह हो जाती,
इस ब्रह्मांड में धूल के कण सा मैं भी ब्रह्मांड हो जाता।

शायद शिव को जानने की यात्रा में,
मैं भी 'शव' से 'शिव' हो जाता।

उपसंहार: अंतिम शब्द

"आज जब मैं इस पुस्तक को पूर्ण कर रही हूँ, तो मेरे मन में किसी के प्रति कोई द्वेष नहीं है। मैंने अपनी 'कान्ति' (चमक) में सदैव 'आत्मज्ञान' को केंद्र पर रखा है, क्योंकि बिना आत्मज्ञान के क्रान्ति कब भ्रान्ति में बदल जाए, पता नहीं चलता।

जीवन में जो कुछ भी घटा—चाहे वह अपमान था, विश्वासघात था या अपनों से मिला धोखा—वह सब मुझे महादेव की उस 'पाठशाला' तक ले जाने का एक मार्ग था। जिसे मैं अपनी तबाही समझ रही थी, वह वास्तव में मेरी 'मुक्ति' का द्वार था। जिसे दुनिया 'अभिमान' कहती रही, वह वास्तव में मेरा अपने स्वाभिमान को बचाने का एक पवित्र संघर्ष था।

मैंने यह जाना है कि समझने की प्रक्रिया निरंतर चलती रहनी चाहिए। जो आज समझ आया है, वह तात्कालिक है; यदि हम सजग न रहे, तो उस पर फिर से धूल जम सकती है। इसीलिए, जीवन भर 'जानने की प्रक्रिया' को जीवित रखना ही सच्ची साधना है।

महादेव ने मुझे अपनी 'गोद' में लेकर यह सिखाया कि जब हम खुद को पूरी तरह समर्पित कर देते हैं, तो हम 'अबला' नहीं, बल्कि 'अजेय' बन जाते हैं। मेरी यह यात्रा तभी सफल होगी, जब इस पुस्तक को पढ़ने वाला हर वह 'बिखरा' हुआ व्यक्ति अपने भीतर की उस अजेय शक्ति को जगा सके।

समय रेत की तरह फिसल रहा है—मरने से पहले मत मरें। मेरा प्रयास है कि मैं पूरी तरह जी सकूँ और कर्म ऐसे करूँ कि मृत्यु के बाद भी मेरी चेतना अमर रहे। जो इंसान शरीर पर तौले (भरोसा करे), उसे जीवन से निकाल दो; असली जीवन तो उस शक्ति में है जो निस्वार्थ है।

अब मैं शांत हूँ, वर्तमान के बहाव में हूँ और महादेव के अटूट विश्वास में सुरक्षित हूँ।

सफर थमा नहीं है... क्योंकि अब बस आगे बढ़ते जाना है!

जय शिव शक्ति! 🔱

www.ingramcontent.com/pod-product-compliance
Lightning Source LLC
LaVergne TN
LVHW100324210926
848480LV00003B/1250
9798905400575